TRIBUTAÇÃO E DESIGUALDADES DE GÊNERO E RAÇA

Como o sistema tributário discrimina as mulheres na tributação sobre os produtos ligados ao cuidado e à fisiologia feminina

Luiza Machado de O. Menezes

TRIBUTAÇÃO E DESIGUALDADES DE GÊNERO E RAÇA

Como o sistema tributário discrimina as mulheres na tributação sobre os produtos ligados ao cuidado e à fisiologia feminina

Copyright © 2023 by Editora Letramento
Copyright © 2023 by Luiza Machado de O. Menezes

Diretor Editorial Gustavo Abreu
Diretor Administrativo Júnior Gaudereto
Diretor Financeiro Cláudio Macedo
Logística Daniel Abreu e Vinícius Santiago
Comunicação e Marketing Carol Pires
Assistente Editorial Matteos Moreno e Maria Eduarda Paixão
Designer Editorial Gustavo Zeferino e Luís Otávio Ferreira
Coordenadores da Coleção
Misabel de Abreu Machado Derzi
Onofre Alves Batista Júnior

Conselho Editorial Jurídico
André Parmo Folloni
André Mendes Moreira
Élida Graziane Pinto
Elival da Silva Ramos
Fernando Facury Scaff
Heleno Taveira Torres
Hugo de Brito Machado Segundo
Humberto Bergmann Ávila
João Félix Pinto Nogueira
José Maurício Conti
Ludmila Mara Monteiro de Oliveira
Luís Eduardo Schoueri
Marciano Buffon
Mary Elbe Queiroz
Pasquale Pistone
Paulo Rosenblatt
Ricardo Lodi Ribeiro
Sacha Calmon Navarro Coêlho
Tarcísio Diniz Magalhães
Thomas da Rosa de Bustamante
Ulisses Schwarz Viana
Valter de Souza Lobato

Todos os direitos reservados. Não é permitida a reprodução desta obra sem aprovação do Grupo Editorial Letramento.

Dados Internacionais de Catalogação na Publicação (CIP)
Bibliotecária Juliana da Silva Mauro - CRB6/3684

M543t Menezes, Luiza Machado de O.
Tributação e desigualdades de gênero e raça : como o sistema tributário discrimina as mulheres na tributação sobre produtos ligados ao cuidado e à fisiologia feminina / Luiza Machado de O. Menezes. - Belo Horizonte : Letramento, 2023.
182 p. ; 15,5cm x 22,5 cm. - (Coleção Direito Tributário e Financeiro)

Inclui Bibliografia.
ISBN 978-65-5932-365-4

1. Política tributária. 2. Tributação e gênero. 3. Desigualdade de gênero. 4. Essencialidade. I. Título. II. Série.

CDU: 336.02-055.2
CDD: 339.5

Índices para catálogo sistemático:
1. Política fiscal - Mulheres 336.02
2. Política fiscal 339.5

LETRAMENTO EDITORA E LIVRARIA
Caixa Postal 3242 – CEP 30.130-972
r. José Maria Rosemburg, n. 75, b. Ouro Preto
CEP 31.340-080 – Belo Horizonte / MG
Telefone 31 3327-5771

É O SELO JURÍDICO DO
GRUPO EDITORIAL LETRAMENTO

*À minha avó, Professora Erotildes Machado,
em memória, e à minha mãe, Marlene Machado.
Sei que foram seus passos que me trouxeram até aqui.*

AGRADECIMENTOS

Quando penso nas pessoas que me trouxeram até a conclusão da dissertação de mestrado, que foi vivenciado em sua maioria durante a pandemia de covid-19 e na vigência de um governo que repudiava a ciência, e agora, no aprimoramento desse texto para publicação em livro, é inevitável não pensar nas mulheres que me deram sustentação e me mantiveram firmes até aqui. Por isso, gostaria, primeiro, de agradecer às mulheres que me acolheram, fortaleceram e me fizeram finalmente crer que posso ser – e sou – uma pesquisadora. Eu realmente não teria conseguido sem vocês.

Sou grata, em primeiro lugar, à Marlene Machado, minha mãe. Acreditar na educação como transformação social e não me resignar com as injustiças deste mundo é uma herança sua. Sou grata à Preta pelo amor e companheirismo em todos os momentos.

Agradeço imensamente à Tathiane Piscitelli, que foi minha coorientadora de mestrado e incentivadora desta publicação. Contar com sua orientação atenta e acolhedora foi primordial para o desenvolvimento deste trabalho. Obrigada por abrir portas para tantas pesquisadoras no Brasil, fomentando que mais de nós se empreendam na pesquisa e na luta pela justiça tributária para as mulheres.

Também agradeço imensamente à Marina Marinho, que ensina, na prática, que pesquisa é sobre compartilhar. Agradeço à Laura Barão por sua irmandade e à Marina Araújo pelo amparo incondicional em todos esses anos. À Gabriela Delamare e à Priscila Peixoto pelo companheirismo constante. Ao Vitor Pires, por todo amor e apoio, que foram imprescindíveis nesse caminho, e ao Christiano Ottoni, por trazer alegria nesse percurso. À Elisa Borges, Luísa Gabrich, Raquel Khouri e ao Paulo Repolês pela amizade nessa jornada.

Às minhas tias, Erotildes Machado e Denise Machado, e ao meu avô, Wilson Afonso, por serem sempre porto-seguro. Ao meu pai, Paulo César de Oliveira, à Luciana Martins e à minha avó Cleide Oliveira por sempre acreditarem em mim. Agradeço aos meus irmãos, Alice Menezes e Gabriel Esteves, pelo amor incondicional.

Agradeço à Tamires Sampaio, à Maia Aguilera, ao Cleyton Manoel e ao Gleissiton Gualberto pelo companheirismo em todas as trincheiras. Agradeço imensamente à Marina Gama e à Fabiana Lazzarini pela amizade nas terras brasilienses e por serem grandes incentivadoras desta publicação.

Agradeço ao grupo de pesquisa de Tributação e Gênero da FGV DIREITO SP nas pessoas de Tathiane Piscitelli, Fabiana Lazzarini, Lana Borges, Maria Angélica dos Santos, Daniela Olimpio, Núbia Castilhos, Danielle Gruneich, Karoline Marinho e Isabelle Rocha, que acolhem e empoderam tantas pesquisadoras no Brasil. Sou grata à Ludmila Oliveira pelos ensinamentos e por compartilharmos a luta por um direito tributário crítico. Agradeço ao Pedro Rubin pela extração dos microdados do IBGE e ao Matias Cardomingo por todas as trocas e leituras que contribuíram para o amadurecimento desta pesquisa.

Também sou imensamente grata à Maria Angélica dos Santos pelos importantes comentários na banca final de defesa e por ser uma incentivadora desta publicação. Agradeço imensamente ao meu orientador de mestrado, Thomas Bustamante, por crer na importância de se pesquisar a relação entre tributação, gênero e raça como uma esfera da justiça no Direito e por encorajar a publicação da dissertação. Também agradeço à Associação Brasileira de Direito Tributário – ABRADT por acreditar na relevância desta pesquisa e conceder o selo de aprovação ABRADT.

Sou profundamente grata à Universidade Federal de Minas Gerais e a todos os envolvidos em sua comunidade – professoras(es), servidoras(es) e terceirizadas(os) - e às (aos) colegas de graduação e pós-graduação. Estudar em uma instituição pública é um privilégio e um dever para com a sociedade. Que a Universidade Pública seja cada vez mais fortalecida e que o obscurantismo nunca mais nos alcance.

Por último, agradeço à Editora Letramento e ao Gustavo Abreu, Sócio Diretor Editorial, por acreditarem na relevância da minha pesquisa e na atualização da minha dissertação de mestrado para publicação.

LISTA DE TABELAS

Tabela 1 - Média de horas dedicadas pelas pessoas de 14 anos ou mais de idade aos afazeres domésticos e/ou às tarefas de cuidado de pessoas (horas), por sexo e situação de ocupação

Tabela 2 - Domicílios, por sexo do responsável e espécie da unidade doméstica

Tabela 3 - Características do chefe e da estrutura familiar por sexo e raça do chefe de família: Brasil, 2017-2018

Tabela 4 - Pessoas de 14 anos ou mais de idade que realizaram afazeres domésticos no próprio domicílio, por sexo, condição no domicílio e tipo de afazer doméstico

Tabela 5 - Distribuição da despesa monetária e não monetária média *per capita* por sexo da pessoa de referência da família, segundo os tipos de despesa (%) - POF 2017-2018

Tabela 6 - Distribuição da despesa monetária e não monetária média *per capita* por sexo e cor da pessoa de referência da família, segundo os tipos de despesa selecionadas - POF 2017-2018

Tabela 7 - Incidência geral de impostos indiretos por tipo de família, África do Sul (% das despesas)

Tabela 8 - Incidência de impostos indiretos e efeito da receita do governo do IVA e taxa zero (itens selecionados), África do Sul.

Tabela 9 - Incidência de tributos indiretos sobre absorventes, tampões e coletores menstruais, absorventes para seios, fraldas infantis e geriátricas

Tabela 10 - Incidência de tributos indiretos sobre métodos contraceptivos

Tabela 11 - Incidência de tributos indiretos sobre pomadas preventivas de assaduras, cera de proteção de mamilos e lenços umedecidos

Tabela 12 - Incidência de tributos indiretos sobre talco

Tabela 13 - Incidência de tributos indiretos sobre bico para mamadeira e bico adaptador de mamilos para amamentação

Tabela 14 - Incidência de tributos indiretos sobre bombas extratoras de leite para amamentação

Tabela 15 - Incidência de tributos indiretos sobre vestuário e acessórios de algodão para bebês e sutiã para amamentação

Tabela 16 - Incidência de tributos indiretos sobre carrinhos e outros veículos para transporte de bebês

LISTA DE ILUSTRAÇÕES

Figura 1 - Composição demográfica da população total e de cada décimo de renda

Figura 2 - Composição demográfica da população total e estratos selecionados do topo da distribuição

Figura 3 - Apropriação da renda nacional pelos décimos de renda selecionados e pela composição demográfica

Figura 4 - Incidência da tributação direta e indireta na renda total segundo décimos de renda familiar *per capita* - Brasil 2017-2018

Figura 5 - Nomenclatura do trabalho não remunerado

Figura 6 - Taxa de participação na força de trabalho de pessoas com 15 anos ou mais de idade (%)

Figura 7 - Nível de ocupação das pessoas de 25 a 49 anos de idade, com ou sem crianças de até 3 anos vivendo no domicílio (%)

Figura 8 - Média de horas semanais dedicadas a cuidados de pessoas e/ou afazeres domésticos por pessoas de 14 anos ou mais

Figura 9 - Proporção do rendimento médio mensal no trabalho principal de trabalhadores de 16 anos ou mais de idade em relação ao trabalhador homem branco, segundo sexo, cor/raça e anos de estudo - Brasil (2009) - (em %)

Figura 10 - Classificação das despesas segundo o IBGE

Figura 11 - Distribuição da despesa das famílias por faixa de rendimento

LISTA DE ABREVIATURAS E SIGLAS

ADIn — Ação Direta de Inconstitucionalidade

CDC — Centers for Disease Control and Prevention

Cedaw — Convenção sobre a Eliminação de Todas as Formas de Discriminação contra a Mulher

CNDM — Conselho Nacional de Direitos das Mulheres

Cofins — Contribuição para Financiamento da Seguridade Social

Confaz — Conselho Nacional de Política Fazendária

CRFB/88 — Constituição da República Federativa do Brasil de 1988

DIU — Dispositivo intrauterino

FMI — Fundo Monetário Internacional

IBGE — Instituto Brasileiro de Geografia e Estatística

ICTD — International Centre for Tax and Development

ICMS — Imposto sobre Operações relativas à Circulação de Mercadorias e sobre Prestações de Serviços de Transporte Interestadual e Intermunicipal e de Comunicação

Ipea — Instituto de Pesquisa Econômica Aplicada

IPI — Imposto sobre Produtos Industrializados

IRPF — Imposto de Renda da Pessoa Física

IST — Infecções Sexualmente Transmissíveis

MADE/USP — Centro de Estudos de Macroeconomia das Desigualdades da Universidade de São Paulo

NCM — Nomenclatura Comum do Mercosul

ODS — Objetivos de Desenvolvimento Sustentável

OCDE — Organização para Cooperação e o Desenvolvimento Econômico

ONU — Organização das Nações Unidas

PIB — Produto Interno Bruto

Pidesc — Pacto dos Direitos Econômicos e Sociais

PIS — Programa de Integração Social

PNAD — Pesquisa Nacional por Amostra de Domicílios

POF   Pesquisa de Orçamentos Familiares

STF   Supremo Tribunal Federal

SUS   Sistema Único de Saúde

TIPI Tabela do IPI

TRS   Teoria da Reprodução Social

UBS   Unidade Básica de Saúde

| 17 | PARECER DE APROVAÇÃO E CERTIFICAÇÃO DA ASSOCIAÇÃO BRASILEIRA DE DIREITO TRIBUTÁRIO – ABRADT |

17 PARECER DE APROVAÇÃO E CERTIFICAÇÃO DA ASSOCIAÇÃO
BRASILEIRA DE DIREITO TRIBUTÁRIO – ABRADT

19 APRESENTAÇÃO

22 PREFÁCIO

25 CAPÍTULO 1
INTRODUÇÃO

33 CAPÍTULO 2
VIESES DE GÊNERO NA TRIBUTAÇÃO: SURGIMENTO DO CAMPO
DE PESQUISA, PRINCIPAIS CONTRIBUIÇÕES E DEBATES ATUAIS

34 2.1. PRIMEIROS DEBATES: NEUTRALIDADE DE GÊNERO
É INVISIBILIZAÇÃO DE GÊNERO

34 2.1.1. DIANE ELSON E A CRÍTICA À SUPOSTA NEUTRALIDADE
DE GÊNERO NA ECONOMIA

38 2.1.2. CLAIRE YOUNG E A TRIBUTAÇÃO COMO FATOR DE
EMPOBRECIMENTO DAS MULHERES

42 2.1.3. DECLARAÇÃO DE PEQUIM: RECONHECIMENTO INÉDITO DAS NAÇÕES UNIDAS
DE QUE A TRIBUTAÇÃO PODE SER UM FATOR DE DISCRIMINAÇÃO DE GÊNERO

46 2.2. JANET STOTSKY E A CONSTRUÇÃO DE UMA MOLDURA TEÓRICA
PARA OS ESTUDOS EM TRIBUTAÇÃO E GÊNERO

51 2.3. DEBATES ATUAIS

51 2.3.1. ANÁLISE DO RELATÓRIO INÉDITO DA OECD (2022) SOBRE TRIBUTAÇÃO E
GÊNERO E OS VIESES IMPLÍCITOS DO SISTEMA TRIBUTÁRIO BRASILEIRO

59 2.3.2. TRIBUTAÇÃO E GÊNERO PARA A REALIDADE DO SUL
GLOBAL E NA LITERATURA BRASILEIRA

64 2.4. CONSIDERAÇÕES FINAIS

65 CAPÍTULO 3
REGRESSIVIDADE TRIBUTÁRIA E AS DESIGUALDADES
DE GÊNERO, RAÇA E CLASSE

66 3.1. A CONSTITUIÇÃO DE 1988 E AS LUTAS POR IGUALDADE DE GÊNERO E RAÇA

68 3.2. A COR E O GÊNERO DA DESIGUALDADE NO BRASIL

73 3.3. JUSTIÇA FISCAL NA CRFB/88 *VERSUS* REGRESSIVIDADE
TRIBUTÁRIA NA REALIDADE

76 3.4. GÊNERO, RAÇA E CLASSE: POR UMA ANÁLISE INTERSECCIONAL

80 3.5. CONSIDERAÇÕES FINAIS

82 CAPÍTULO 4
"ELES DIZEM QUE É AMOR, NÓS DIZEMOS QUE É TRABALHO NÃO REMUNERADO": TRABALHO REPRODUTIVO, DOMÉSTICO E DE CUIDADO

83 4.1. TODO TRABALHO PRODUTIVO É SUSTENTADO POR UM TRABALHO REPRODUTIVO

90 4.2. CONSIDERAÇÕES SOBRE OS TERMOS "TRABALHO REPRODUTIVO", "TRABALHO DOMÉSTICO" E "TRABALHO DE CUIDADO"

92 4.3. TRABALHOS REPRODUTIVO, DOMÉSTICO E DE CUIDADO NA REALIDADE BRASILEIRA

101 4.4. LARES BRASILEIROS E CHEFIA DE FAMÍLIA: COMO SÃO AS FAMÍLIAS LIDERADAS POR MULHERES E HOMENS?

101 4.4.1. CHEFIA DE FAMÍLIA E TIPOS DE DOMICÍLIOS BRASILEIROS: ANÁLISE DE ACORDO COM SEXO DA PESSOA DE REFERÊNCIA DA FAMÍLIA

104 4.4.2. A COMPOSIÇÃO DAS FAMÍLIAS E A PRESENÇA DE CRIANÇAS E IDOSOS NOS LARES BRASILEIROS

106 4.4.3. DIFERENÇAS DE GÊNERO NA REALIZAÇÃO DE COMPRAS NO DOMICÍLIO

107 4.5. CONSIDERAÇÕES FINAIS

109 CAPÍTULO 5
ANÁLISE DAS DESPESAS FAMILIARES COM OLHAR SOBRE CLASSE, GÊNERO E RAÇA

112 5.1. ANÁLISE DAS DESPESAS FAMILIARES POR CLASSE DE RENDIMENTO

115 5.2. ANÁLISE DAS DESPESAS FAMILIARES POR SEXO/GÊNERO DA PESSOA DE REFERÊNCIA DA FAMÍLIA

121 5.3. ANÁLISE DAS DESPESAS DE FAMÍLIAS CHEFIADAS POR HOMENS BRANCOS, HOMENS NEGROS, MULHERES BRANCAS E MULHERES NEGRAS

127 5.4. CONSIDERAÇÕES FINAIS

130 CAPÍTULO 6
VIESES DE GÊNERO NA TRIBUTAÇÃO SOBRE PRODUTOS RELATIVOS AO TRABALHO REPRODUTIVO E DE CUIDADO

131 6.1. PRINCÍPIO DA CAPACIDADE CONTRIBUTIVA E PRINCÍPIO DA SELETIVIDADE SEGUNDO A DOUTRINA JURÍDICA SELECIONADA

132 6.1.1. O PRINCÍPIO DA CAPACIDADE CONTRIBUTIVA DECORRE DO PRINCÍPIO DA IGUALDADE

133 6.1.2. GRADUAÇÃO DOS IMPOSTOS PELA CAPACIDADE CONTRIBUTIVA

135 6.1.3. CAPACIDADE CONTRIBUTIVA E MÍNIMO EXISTENCIAL

135 6.1.4. O PRINCÍPIO DA SELETIVIDADE COMO EFETIVAÇÃO DO PRINCÍPIO DA CAPACIDADE CONTRIBUTIVA NOS IMPOSTOS INDIRETOS

136 6.1.5. ALCANCE DOS PRINCÍPIOS DA CAPACIDADE CONTRIBUTIVA E DA SELETIVIDADE

138 6.2. CRÍTICAS AO PRINCÍPIO DA CAPACIDADE CONTRIBUTIVA E AO PRINCÍPIO DA SELETIVIDADE NO CONTEXTO DE REFORMA TRIBUTÁRIA

138 6.2.1. SELETIVIDADE EM FUNÇÃO DA ESSENCIALIDADE OU SIMPLIFICAÇÃO TRIBUTÁRIA?

139 6.2.2. ADOÇÃO DO IMPOSTO SOBRE VALOR AGREGADO (IVA) COM ALÍQUOTA ÚNICA É O MODELO MAIS USADO?

140 6.2.3. BENEFÍCIOS TRIBUTÁRIOS FAVORECEM OS MAIS RICOS OU OS MAIS POBRES?

148 6.2.4. REDUÇÃO NO TRIBUTO GERA OU NÃO REDUÇÃO NO PREÇO?

150 6.3. ANÁLISE DA INCIDÊNCIA DE TRIBUTOS INDIRETOS SOBRE PRODUTOS LIGADOS À FISIOLOGIA FEMININA E AO TRABALHO DE CUIDADO

152 6.3.1. TRIBUTAÇÃO SOBRE ABSORVENTES, TAMPÕES E COLETORES MENSTRUAIS, ABSORVENTES PARA SEIOS, FRALDAS INFANTIS E GERIÁTRICAS

155 6.3.2. TRIBUTAÇÃO SOBRE MÉTODOS CONTRACEPTIVOS

159 6.3.3. TRIBUTAÇÃO SOBRE POMADAS PREVENTIVAS DE ASSADURAS E POMADAS PARA PROTEÇÃO DE MAMILOS DURANTE A AMAMENTAÇÃO E TRIBUTAÇÃO SOBRE LENÇOS UMEDECIDOS

160 6.3.4. TRIBUTAÇÃO SOBRE TALCO PARA PREVENIR ASSADURAS

161 6.3.5. TRIBUTAÇÃO SOBRE BICO PARA MAMADEIRA E BICO ADAPTADOR DE MAMILO PARA AMAMENTAÇÃO

161 6.3.6. TRIBUTAÇÃO SOBRE BOMBAS DE AMAMENTAÇÃO

162 6.3.7. TRIBUTAÇÃO SOBRE VESTUÁRIO E ACESSÓRIOS DE ALGODÃO PARA BEBÊS E SUTIÃ PARA AMAMENTAÇÃO

163 6.3.8. TRIBUTAÇÃO SOBRE CARRINHOS E OUTROS VEÍCULOS PARA TRANSPORTE DE BEBÊS

164 6.4. CONSIDERAÇÕES FINAIS

167 CAPÍTULO 7
CONCLUSÃO

172 REFERÊNCIAS

179 ANEXO

PARECER DE APROVAÇÃO E CERTIFICAÇÃO DA ASSOCIAÇÃO BRASILEIRA DE DIREITO TRIBUTÁRIO – ABRADT

A estimada autora Luiza Machado de O. Menezes, mestre pela Universidade Federal de Minas Gerais - UFMG, submeteu a relevante obra "Tributação e desigualdades de gênero e raça: Como o sistema tributário discrimina as mulheres na tributação sobre os produtos ligados ao cuidado e à fisiologia feminina" por meio da qual busca enfrentar um tema atual e de grande relevância para a sociedade brasileira.

A partir de um levantamento doutrinário robusto, respaldada em bibliografias nacionais e internacionais, bem como de um levantamento empírico, a obra busca lançar luz ao tema da justiça tributária com um enfoque específico nas desigualdades de gênero e raça e em como a tributação tem efeitos específicos sobre mulheres, pessoas negras e suas interseccionalidades.

A autora traz uma conclusão relevante que merece atenção dos doutrinadores e dos legisladores brasileiros: Estado brasileiro, por meio do seu sistema tributário, tem uma política de discriminação contra as mulheres. Acresce, com fulcro na pesquisa bem delineada, que o Brasil não realizou nenhuma reforma para eliminar ou diminuir vieses de gênero existentes na tributação, ao contrário de diversos países.

O livro não foca apenas nas críticas ao atual sistema tributário brasileiro, mas igualmente traz sugestões de aprimoramento prático da legislação brasileira, propondo que a perspectiva de gênero e raça seja incorporada como método de avaliação em todas as discussões de política econômica, tributária e orçamentária. Dentre outras questões, a autora aborda a tributação sobre o consumo, mesmo na hipótese de uma reforma tributária iminente, apontando algumas políticas públicas tributárias relevantes a serem observadas com enfoque nas mulheres como a redução ou isenção de tributos sobre produtos essenciais ligados à fisiologia do sexo feminino: absorventes, coletores menstruais, anticoncepcionais, bicos adaptadores e pomadas para mamilos durante amamentação, bombas extratoras de leite, entre outros.

Na perspectiva da tributação do trabalho, desenvolve também a necessidade de reconhecimento do tempo de trabalho doméstico e de cuidado para fins de aposentadoria, tal como existente no ordenamento jurídico Argentino e a Declaração e Plataforma de Ação da IV Conferência Mundial da Mulher.

O livro alcança com primor o objetivo por ele almejado de trazer novos olhares e polêmicas em torno da diferença de gênero e raça na tributação brasileira, cabendo ser reconhecida a sua relevante contribuição para fins de aprovação e certificação do selo da ABRADT.

Belo Horizonte, 03 de julho de 2023.

MAYSA PITTONDO DELIGNE
Diretora da Abradt

ALESSANDRA BRANDÃO
Diretora da Abradt

APRESENTAÇÃO

Discutir como gênero e raça impactam na tributação é desafio delicado e complexo que este livro enfrenta com competência.

Luiza Machado, uma mulher jovem, engajada politicamente e envolvida com a construção de uma sociedade mais justa e igualitária, nos proporciona, com este trabalho, uma radiografia sensível da realidade fiscal brasileira, com um foco especialmente direcionado para uma perspectiva protagonizada por gênero e raça, o que torna este livro ainda mais relevante para quem estuda ou trabalha com tributação no Brasil.

O debate sobre desigualdades a partir da análise de vieses de gênero e o enfrentamento de questões vinculadas à economia do cuidado e à fisiologia da mulher ainda é pouco explorado nas pesquisas brasileiras, embora este seja um caminho incontornável para a materialização dos preceitos democráticos exaltados constitucionalmente.

Com uma escrita séria, comprometida e acessível, a autora nos conduz, com gentileza, pelos caminhos que desvelam as relações estreitas que se estabelecem entre uma preferência pela tributação indireta e as acentuadas desigualdade de gênero e de raça que permeiam a vida em sociedade no Brasil.

A tradição do Direito Tributário brasileiro sempre se manteve fechada e interessada em produzir e reproduzir os mesmos saberes e em visibilizar as mesmas personalidades jurídicas de sempre, sem inovações que pudessem modificar o cenário ou oferecer novas contribuições. Entretanto, de alguns anos para cá, uma mudança tem acontecido e novas maneiras de se pensar a tributação vem sendo consideradas. Atribuo este fenômeno inovador ao trabalho persistente de tributaristas profundamente engajadas política e socialmente. Esta inovação traz os primeiros contornos de uma teoria crítica do Direito Tributário que está se consolidando às custas de um esforço coletivo de cientistas sociais corajosas.

Para os tributaristas tradicionais, a classe sempre foi o único marcador de opressão social relevante para se pensar em estratégias de justiça fiscal. Marcadores de opressão são signos de hierarquização socioeconômica que estabelecem posições sociais mais ou menos favoráveis para determinados corpos de acordo com sua categorização. A classe é somente um dos inúmeros marcadores a serem considerados nas relações que conformam a vida em sociedade. Limitar o olhar e a análise dos fenômenos jurídicos a um único marcador de opressão é reduzir as possibilidades de compreensão profunda do tema e de encontro de soluções efetivamente realistas e transformadoras da realidade. É preciso mais.

Trazer outros marcadores de opressão social, indo além da classe, para a análise das complexidades tributárias é um avanço fundamental para a construção e consolidação de uma teoria crítica do Direito Tributário. Promover reflexões tributárias que compreendam a dimensão interseccional do debate, utilizando uma metodologia que direcione sua lente de análise para os pontos de atravessamento e convergência de opressões, é a grande virada de chave reflexiva que as novas tributaristas estão comprometidas por promover. Explicar que a emancipação fiscal de grupos subordinados não é uma questão só de classe, ou só de gênero, ou só de raça, ou só de sexualidade, ou só de deficiência, ou só de religião, ou só de geração, mas sim um processo de interconexão de todos estes marcadores e outros mais, é o grande desafio que interessa às tributaristas disruptivas que estão despontando no cenário nacional e cujas vozes já podem ser ouvidas internacionalmente.

Este trabalho que Luiza Machado nos oferece contribui, com vigor, para a consolidação desta teoria crítica do Direito Tributário. Através de uma abordagem consistente e comprovada por uma rica análise de gráficos e tabelas, este livro se dispõe a desvelar os meandros das estratégias fiscais que são implementadas em nossa sociedade e que acabam por reverberar na redução ou acentuação de desigualdades que perpassam marcadores de opressão como gênero e raça.

Há um provérbio africano que diz "a água sempre descobre um meio". Pensando nesta potência líquida de sempre encontrar caminhos, a autora descobriu um meio de contribuir efetivamente para a transformação social através da promoção de justiça tributária. As reflexões que este livro nos traz vem como uma água limpa no mar parado da tradição. Além disso, e é importante que se reforce, Luiza não anda só. Junto dela estão muitas outras tributaristas interessadas em romper com a bolha do *mainstream* tributário que dominou até aqui, e ofertar novas possibilidades reflexivas. Nós somos a nova onda do Direito Tributário.

MARIA ANGÉLICA DOS SANTOS

Jurista, Professora Adjunta de Direito na UFV/Campus Florestal, Escritora

11/06/2023

PREFÁCIO

O debate sobre tributação e gênero se intensificou no Brasil nos últimos anos: a urgência de expandir a análise do direito tributário para além das questões relacionadas com a delimitação das hipóteses incidência de tributos ou qualificação jurídica de situações que possam, ou não, atrair exações em específico pode ser vista como parte das razões que animam tal análise.

O olhar mais abrangente da prática tributária, contudo, não é recente no Brasil. Questões relacionadas à injustiça do sistema tributário, que hoje se mostra altamente regressivo, e a incapacidade de nossas normas de realizar a adequada distribuição dos ônus e bônus da tributação entre as diferentes classes sociais estão presentes no debate acadêmico há pelo menos uma ou duas décadas[1]. Ainda que no âmbito jurídico tais ponderações estejam concentradas em poucos doutrinadores, é fato que a relação entre desigualdade social e a estrutura de tributação no Brasil tem sido enfrentada pela doutrina de modo consistente.

Contudo, a análise dos impactos decorrentes das escolhas legislativas que resultam em um sistema tributário regressivo, seja porque demasiadamente concentrado no consumo, seja porque benéfico à concentração de renda e patrimônio, de modo a interseccionar desigualdade de classe com as de gênero e raça, não é trivial nem tampouco recorrente na doutrina tributária nacional. Ao contrário, quando se trata de avaliar em que medida o sistema tributário pode contribuir para a intensificação dessas desigualdades, a tendência da academia é defender a neutralidade do sistema tributário e a baixa capacidade que o desenho de políticas tributárias tem para enfrentar as iniquidades estruturais de nossa sociedade.

---

1 Como exemplares desse movimento, cite-se: GRECO, Marco Aurélio e GODOI, Marciano Seabra de (orgs.). *Solidariedade Social e Tributação*. São Paulo: Dialética, 2005, COSTA, Regina Helena. *Praticabilidade e justiça tributária*: exequibilidade da lei tributária e direitos do contribuinte. São Paulo: Malheiros, 2007 e DERZI, Misabel Abreu Machado; MELO, João Paulo Fanucchi de Almeida (coords.). *Justiça fiscal*. Belo Horizonte: Del Rey, 2016,

O trabalho que tenho a enorme honra de prefaciar vai no oposto dessa direção. Luiza analisa, com coragem, os vieses discriminatórios implícitos existentes na tributação do consumo e o faz a partir da premissa de que a neutralidade do sistema tributário é uma falácia que deve ser abandonada: no Brasil, a distribuição da carga tributária não é neutra; ao contrário, ela impõe maiores ônus às mulheres no geral e às mulheres negras, em específico.

Nesse contexto, realiza estudo minucioso acerca dos níveis e tipos de gastos de homens brancos e negros e mulheres brancas e negras, considerando-se os dados da Pesquisa de Orçamentos Familiares 2017-2018, do IBGE. Tal pesquisa ainda é precedida de importante aparte teórico, no qual a autora identifica e dialoga com propriedade com as pesquisas sobre tributação e gênero na literatura internacional, sem, ainda, olvidar da discussão sobre capacidade contributiva e seletividade na doutrina nacional. Isso tudo, ao lado da correta delimitação do que constitui o trabalho de reprodução social, o qual, nas palavras da autora, contempla tanto o trabalho reprodutivo quanto o trabalho doméstico e o de cuidado. Como isso, analisa as formas de consumo das diversas composições familiares e como e se o sistema tributário impõe discriminações implícitas de gênero à luz dos arranjos social e econômico atuais.

As conclusões são alarmantes: as mulheres gastam mais com produtos relacionados ao trabalho de reprodução social e o olhar detalhado para alguns dos bens mais consumidos ainda apontam que a tributação nominal é maior para esses bens do que para seus correlatos, majoritariamente consumidos por homens. O impacto desse cenário para as mulheres, especialmente as negras, é evidente: menos renda disponível e maior regressividade imposta pelo sistema tributário atual.

Não tenho dúvidas de que o presente livro representa um marco nos debates sobre tributação e gênero e uma enorme contribuição para o direito tributário. A prova disso é a relevância que o trabalho assumiu antes mesmo de sua publicação formal e até antes da defesa da dissertação que dá origem a esta publicação: em mais de uma ocasião, Luiza foi convidada a participar de debates na Câmara dos Deputados para apresentar sua pesquisa e seus dados foram publicamente citados e incorporados no debate parlamentar.

Antes de finalizar este breve prefácio, uma nota pessoal. A alegria que tenho de presenciar o término e o sucesso deste trabalho também se deve ao fato de que tive o prazer de acompanhar a concepção dessas ideias desde o início: Luiza foi coorientada por mim no programa de pós-graduação da UFMG e, ao longo de tal processo, pude aprender com a pesquisa, ampliar meus horizontes e me deparar, ao final, com um trabalho de verdadeiro impacto. A dedicação e a seriedade da autora ao longo dos anos do mestrado estão refletidas na qualidade do texto que a leitora e o leitor têm em mãos.

A autora faz parte de uma nova onda de mulheres tributaristas, cuja preocupação está centrada na aplicação do princípio da igualdade substantiva na análise das normas tributárias[2]. Ao reconhecer que a neutralidade não tem lugar à luz das iniquidades persistentes de gênero e raça, jogam luzes sobre a necessidade de assegurar o papel constitucionalmente atribuído ao sistema tributário: os modos de obtenção da receita pública não estão dissociados dos objetivos da República Federativa do Brasil e, assim, devem buscar a construção de uma sociedade mais justa e solidária, inclusive e primordialmente, reforce-se, sob a perspectiva de gênero e raça. Trata-se de demanda constitucional que, há muito, vem sendo negligenciada tanto pelo poder público quanto pela academia tributária.

Portanto, apenas posso recomendar a análise atenta das lições contidas neste livro. Reitero minha convicção de que a obra irá contribuir para o debate nacional sobre as conexões entre tributação e gênero, tornando-se leitura obrigatória para todas e todos que se ocupam de estudar o direito tributário sob lentes mais amplas e que considerem o papel que a tributação pode e deve ter na concretização de uma sociedade mais justa e igualitária.

TATHIANE PISCITELLI

Professora da FGV Direito SP
Coordenadora do Núcleo de Direito Tributário
do Mestrado Profissional da FGV Direito SP
Doutora e mestre em Direito pela Faculdade de Direito da Universidade
de São Paulo de 2020, dissertações de mestrado e teses de doutorado

---

2 Por todas, confira-se a coletânea: OLIVEIRA, Daniela Olimpio de; GOMES, Pryscilla Régia de Oliveira (orgs). *Tributação e sociedade*: sob perspectiva de mulheres tributaristas. São Paulo: Dialética, 2023.

CAPÍTULO 1

INTRODUÇÃO

Em setembro de 2021, a então Secretária da Fazenda do Estado do Ceará, Fernanda Pacobahyba, apresentou proposta de convênio para o Conselho Nacional de Política Fazendária (Confaz), a fim de autorizar aos estados a isenção – ou não – de ICMS para absorventes menstruais e congêneres. A proposta previa ainda que o valor da isenção do imposto deveria ser deduzido do preço dos bens e expressamente demonstrado em documento fiscal (PISCITELLI, 2021). No primeiro momento, a proposta foi rechaçada pelo plenário, sob o argumento de que esse benefício iria favorecer mulheres abastadas, que podem comprar absorventes, por isso, o benefício deveria ser aprovado apenas para inscritas no Cadastro Único. Na reunião seguinte, o plenário aprovou convênio para conceder benefício fiscal para telha de fibrocimento, tijolo refratário, tubo e manilha de concreto[3], sem que se fizesse qualquer ressalva sobre se esses produtos seriam adquiridos por pessoas ricas ou para construção de um *resort* em Trancoso, como relatou Fernanda Pacobahyba (2021).

Quase trinta anos antes da proposta de Pacobahyba, em setembro de 1994, Misabel Derzi (1995, p. 148), em palestra na XV Conferência Nacional da OAB[4], declarou que era urgente compatibilizar normas tributárias e previdenciárias para uma adequada proteção estatal da família que respeitassem a igualdade entre os sexos, a autonomia individual, especialmente da mulher, e a proteção a filhos menores. A autora, em palestra cujo público deveria se constituir predominantemente de homens, relatou que, enquanto diversos países do mundo, desde a década de 1980, realizam reformas tributárias para eliminar a

---

3 Convênio ICMS nº 185, de 6 de outubro de 2021.

4 A palestra de Derzi, ocorrida em 1994, foi transcrita no artigo "A família e o direito tributário" (DERZI, 1995).

discriminação de gênero na tributação e em regimes previdenciários, no Brasil, "inexiste autor, pelo menos um, que se refira a importância da proteção da família dentro do direito tributário, como limitação ao poder de tributar" (DERZI, 1995, p. 140).

O debate sobre a falsa neutralidade tributária – ou econômica – não é novo. Há quase quarenta anos, o tema é denunciado por mulheres economistas e tributaristas. Tampouco é novidade no Brasil, visto que, desde o final da década de 1980, Derzi apresenta críticas sobre como a tributação interpela as mulheres. Ainda assim, o tema tributação e gênero, apesar da crescente produção nos últimos anos, ainda enfrenta resistência.

Em geral, a doutrina jurídica e as discussões sobre reforma tributária ignoram o impacto da tributação sobre as mulheres, menos ainda observando gênero e raça. Assume-se que a tributação é neutra, que o direito tributário não observa o sexo/gênero do contribuinte. Assume-se, de igual modo, que as decisões sobre o que tributar e quanto tributar também são neutras em relação a mulheres e homens. A realidade, entretanto, é outra: as decisões sobre o que será ou o quanto será alcançado pela tributação não são neutras. O sistema tributário não se encontra isolado da realidade social, em que o patriarcado[5] e o racismo[6] são construções que estruturam a sociedade brasileira. Desse modo,

---

[5] Utiliza-se a definição de Gerda Lerner (2019, p. 322): "Patriarcado, em sua definição mais ampla, significa a manifestação e institucionalização da dominância masculina sobre as mulheres e crianças na família e a extensão da dominância masculina sobre as mulheres na sociedade em geral. A definição sugere que homens têm o poder em todas as instituições importantes da sociedade e que mulheres são privadas de acesso a esse poder".

[6] "O racismo corresponde à suposição de uma hierarquia qualitativa entre os seres humanos, os quais são classificados em diferentes grupos imaginários, a partir de marcas corporais arbitrariamente selecionadas. Essa hierarquização apresenta tanto consequências socioeconômicas quanto político-culturais. As primeiras dizem respeito ao surgimento de uma estrutura de oportunidades desigual, de tal sorte que aqueles a quem se atribui uma posição inferior na hierarquia racial imaginada são sistematicamente desfavorecidos na competição social, cabendo-lhes os piores postos de trabalhos, salários proporcionalmente menores, dificuldades de acesso ao sistema de formação escolar e profissional, etc." (COSTA, 2006, p. 11 *apud* SANTOS, 2022, p. 55).

a tributação beneficia uns em detrimento de outros, e tanto os que se beneficiam quanto os que são prejudicados têm sexo/gênero[7] e raça.

A desigualdade social brasileira não é um fenômeno recente, nem tampouco um tema desconhecido na literatura dos estudos fiscais. O sistema tributário brasileiro, como demonstrado em diversos trabalhos de pesquisadores, de institutos nacionais e de organizações internacionais desde a década de 1980, possui caráter regressivo por se estruturar majoritariamente sobre a tributação indireta (OXFAM BRASIL, 2021; SALVADOR, 2016; SILVEIRA, 2012; SILVEIRA *et al.*, 2022; ZOCKUN, 2016). Em consonância, há importantes discussões jurídicas sobre como a regressividade do sistema tributário contradiz os mandamentos constitucionais de igualdade e da justiça tributária distributiva (ALVES, 2012; BATISTA JÚNIOR; OLIVEIRA; MAGALHÃES, 2018; DERZI, 2014; DERZI; BUSTAMANTE, 2016; FEITAL, 2021; MARINHO, 2019).

De outro lado, recentemente os institutos de pesquisa têm apresentado seus indicadores socioeconômicos com os dados categorizados por gênero, raça ou a intersecção entre essas duas categorias, demonstrando como a pobreza no Brasil é racializada e feminilizada (BOTTEGA *et al.*, 2021; FONTOURA, 2017; IBGE [INSTITUTO BRASILEIRO DE GEOGRAFIA E ESTATÍSTICA], 2019, 2021). Todavia, ainda é escassa e recente a literatura jurídica que se propõe a fazer uma análise interdisciplinar dessas duas temáticas – regressividade e desigualdades de gênero e raça –, lançando luz sobre quem são esses mais pobres afetados pela regressividade: pessoas negras e, em especial, mulheres negras. Assim, a maior parte da doutrina tributária é pouco enfática ou silente em

---

[7] Não fazem parte do escopo deste trabalho os debates acerca do uso de "sexo" e "gênero". Parte-se das constatações de Federici (2019b, p. 11) de que "a discriminação contra as mulheres na sociedade capitalista não é o legado de um mundo pré-moderno, mas sim uma formação do capitalismo, construída sobre diferenças sexuais existentes e reconstruída para cumprir novas funções sociais"; e de Gerda Lerner (2019, p. 321) de que "[g]ênero é a definição cultural de comportamento definido como apropriado aos sexos em dada sociedade, em determinada época". E que a expressão "Sistema Sexo-Gênero" "[r]efere-se ao sistema institucionalizado que distribui recursos, propriedade e privilégios a pessoas de acordo com papéis de gênero definidos culturalmente. Assim, o sexo determina que mulheres devem ter filhos, e o sistema sexo-gênero afirma que elas devem criar os filhos" (LERNER, 2019, p. 321). Desse modo, apesar de terem conceitos distintos, sexo e gênero podem aparecer como sinônimos neste trabalho, visto que, inclusive, institutos de pesquisa, como o IBGE, não fazem essa diferenciação em suas pesquisas.

explicitar que são as mulheres negras as mais oneradas proporcionalmente pela tributação no Brasil (AMBROSANO, 2021; MENEZES, 2023; PISCITELLI *et al*., 2020; SALVADOR; YANNOULAS, 2013; SANTOS, 2022)

A presente pesquisa tem como objetivo analisar em que medida a regressividade, que é verificada no sistema tributário brasileiro, impacta na manutenção da condição de vulnerabilidade social da mulher negra. Inicialmente, é analisada a situação de desigualdade social em relação aos mais diversos indicadores (renda, acesso à educação, saúde, trabalho formal.

Dessa feita, para além deste trabalho quase dedutivo – se pessoas pobres pagam proporcionalmente mais tributos e mulheres negras estão em maior situação de miséria, logo mulheres negras pagam proporcionalmente mais tributos –, é preciso aprofundar a discussão sobre como a tributação afeta de forma distinta homens e mulheres, pessoas brancas e negras, e suas intersecções.

Desde a década de 1990, a literatura internacional começou a atentar-se para o viés de gênero na tributação. Em artigo pioneiro, Janet Stotsky (1996) defendeu que o sistema tributário não é neutro para o gênero e possui vieses implícitos e explícitos que discriminam as mulheres. Segundo a autora, os vieses implícitos podem ser encontrados na relação da tributação com os papéis de gênero que impõe às mulheres tarefas não remuneradas, os trabalhos domésticos e de cuidado.

As pesquisas internacionais sobre tributação e gênero inicialmente se concentraram na tributação da renda, tanto pela relevância dela nos modelos tributários do Norte Global quanto pelos vieses serem mais facilmente identificados em um imposto pessoal. Nos últimos anos, relatórios internacionais como da UN Women (LAHEY, 2018)ou impostos sobre bens e serviços, GST e do International Centre for Tax and Development (ICTD) (JOSHI, 2017) começaram a apontar que os maiores impactos da tributação sobre as mulheres nos países do Sul Global se davam em torno da tributação indireta, justamente pela matriz tributária da maioria dos países em desenvolvimento se concentrar no consumo.

Em ambos os relatórios e também no recente relatório da Organização para Cooperação e o Desenvolvimento Econômico (OCDE) sobre tributação e gênero (OECD, 2022), essas organizações destacaram que, devido aos papéis sociais impostos às mulheres relativos ao trabalho de cuidado de crianças, enfermos, idosos e aos demais trabalhos não remunerados realizados em âmbito doméstico, as mulheres são especialmente afetadas pela regressividade e pela alteração de preços e, ainda, que elas gastam mais de sua renda em itens de primeira necessidade, ligados à reprodução social.

Assim, este trabalho pretende investigar os vieses implícitos de gênero que existem no sistema tributário brasileiro em duas esferas. O primeiro é a regressividade tributária, o segundo é a tributação sobre produtos ligados ao trabalho de cuidado[8] e à fisiologia feminina.

Este trabalho, portanto, tem dois objetivos: (i) analisar se a regressividade, além de aumentar a desigualdade social, também tem impactos sobre a desigualdade de gênero e raça; e (ii) investigar se a tributação sobre produtos relativos ao trabalho de cuidado e produtos ligados à fisiologia feminina constitui uma discriminação implícita de gênero do sistema tributário nacional.

A hipótese da pesquisa é de que as mulheres são mais oneradas pela tributação, comparativamente aos homens, devido à regressividade e à tributação sobre produtos ligados à ao trabalho de cuidado e à fisiologia feminina.

De modo geral, este livro pretende contribuir para o debate tributário brasileiro em alguns pontos. O primeiro é desmistificar a neutralidade do sistema tributário brasileiro em questões de gênero e raça e apontar a insuficiência de uma investigação da relação da tributação apenas sob a perspectiva de desigualdade de renda. O segundo ponto a ser desmistificado é a falsa dicotomia entre orçamento e tributação, visto que uma alegação comum dos que são contrários às pesquisas em tributação e gênero é de que é o orçamento público que deve tratar de

---

8 Diversos termos são utilizados para tratar do trabalho não remunerado desempenhado pelas mulheres na esfera do lar. Os principais são "trabalho de cuidado", "trabalho doméstico", "reprodução social" e "trabalho não remunerado". A Teoria da Reprodução Social (TRS) utiliza "reprodução social" para englobar as tarefas relacionadas ao trabalho reprodutivo; cuidado com trabalhadores ativos e cuidado com não trabalhadores. Já o IBGE denomina, entre as categorias "outras formas de trabalho", o "trabalho doméstico" e o "trabalho de cuidado", cujas horas despendidas são publicadas como mesma categoria "trabalho doméstico e de cuidado". Esses conceitos serão detalhados no capítulo 4.

políticas afirmativas, e não a tributação. Pretende-se demonstrar que na verdade as duas esferas devem encarar as desigualdades de gênero e raça, já que são pouco eficientes políticas orçamentárias para promover igualdade de gênero e raça de um lado, se a tributação aumenta essas desigualdades de outro.

A justificativa para a pesquisa encontra-se ancorada na relevância temática para o atual contexto social brasileiro e na escassez de estudos sobre a tributação indireta sob a perspectiva de gênero e raça. As desigualdades brasileiras, que passaram por duas décadas de redução do Coeficiente de Gini, voltaram a aumentar a partir de 2015, assim como o crescimento da pobreza e da extrema pobreza, segundo dados do IBGE[9]. Esse cenário ainda foi agravado pela pandemia de covid-19 e pela política fiscal da fome implementada pela gestão do ex-presidente, Jair Bolsonaro, e do ex-Ministro da Economia, Paulo Guedes (MARINHO; MENEZES, 2021, 2022a, 2022b). Como consequência, a desigualdade aumentou em nível recorde: a fatia que corresponde ao 1% da população mais rica do Brasil detém quase a metade da riqueza nacional (49,6%), segundo estudo da FGV social (DESIGUALDADE..., 2021). De outro lado, é notório que esse cenário não alcançou igualmente todos os brasileiros: a fome atingiu quase o dobro dos lares chefiados por mulheres em comparação com os lares chefiados por homens, e o aumento da fome para a população negra foi de 70% (II Inquérito de Insegurança Alimentar no Contexto da Pandemia da Covid-19) (OLHE..., [s. d.]). Nesse sentido, pesquisas que investiguem as desigualdades brasileiras com olhar sobre gênero e raça não são apenas relevantes, mas imprescindíveis para pensar soluções adequadas para o problema multissetorial da desigualdade.

Além disso, em última análise, a justificativa para investigar a relação entre tributação e as desigualdades de gênero e raça encontra-se na própria Constituição da República Federativa do Brasil (CRFB/88). Se a Constituição de 1988 impõe a construção de uma sociedade justa e igualitária, o combate à discriminação de gênero e raça, dispõe do princípio da igualdade e da construção de um sistema tributário edificado pela justiça tributária, é necessário que os estudos tributários

---

9 Disponível em: http://observatoriodesigualdades.fjp.mg.gov.br/?p=1413. Acesso em: 4 set. 2021.

investiguem os efeitos da tributação em mulheres, pessoas negras e suas intersecções.

Acerca de metodologia de pesquisa, este trabalho compartilha das concepções de Miracy Gustin *et al.* de que "a produção do conhecimento jurídico deve estar voltada para possibilidades emancipatórias dos grupos sociais e dos indivíduos" (GUSTIN; LARA; COSTA, 2012, p. 296), e de que o fazer científico requer uma multiplicidade de enfoques, técnicas e procedimentos. Assim, técnicas quantitativas de coleta ou levantamento em fontes secundárias, como utilizadas nesta pesquisa, somadas a métodos qualitativos de interpretação, fornecem caminhos metodológicos importantes para tornar a pesquisa jurídica transdisciplinar. Reitera-se a posição das autoras de que as investigações não devem colocar uma fronteira entre os enfoques quantitativo e qualitativo, inclusive porque "as quantidades necessitam ser analisadas e interpretadas à vista de valores, teorias e princípios definidos anteriormente ou no curso da pesquisa" (GUSTIN; LARA; COSTA, 2012, p. 313).

A partir da categorização dos tipos de investigação jurídica de Miracy Gustin e Maria Tereza Dias (2010), a presente pesquisa enquadra-se nos tipos jurídico-exploratórios, já que se utilizará de dados sociodemográficos fornecidos pelo IBGE e pelo Instituto de Pesquisa Econômica Aplicada (Ipea), e de estudos econômicos, especialmente do Centro de Estudos de Macroeconomia das Desigualdades da Universidade de São Paulo (Made/USP), e jurídico-interpretativos, devido à necessidade de análise e decomposição do problema jurídico em diferentes aspectos e níveis. Por fim, constitui parte da metodologia desta pesquisa utilizar a lente interseccional para a análise dos dados e as categorias de Stotsky (1996) sobre vieses implícitos e explícitos de gênero na tributação[10], temas que serão desenvolvidos nos capítulos.

Este livro possui cinco capítulos, além desta introdução (capítulo 1) e das conclusões (capítulo 7). O capítulo 2 tem como objetivo analisar os conceitos e as principais investigações do campo de pesquisa de tributa-

---

10 Acerca da terminologia "vieses explícitos e implícitos" de Stotsky (1996), Feital (2022, p. 149) aponta que ela corresponde a termos da economia, ao contrário da terminologia dos direitos humanos positivados "discriminação direta e indireta". Todavia, visto que a metodologia de Stotsky é amplamente adotada, este trabalho adotará a terminologia da autora, utilizando "discriminação" como sinônimo em alguns momentos para evitar repetição excessiva da palavra "viés".

ção e gênero, especialmente nas temáticas que tocam este trabalho – tributação indireta, trabalho reprodutivo, doméstico e de cuidado.

O capítulo 3 tem como propósito examinar o primeiro objetivo desta pesquisa: investigar quem são os mais afetados pelo quadro de regressividade tributária brasileira. Para isso, serão apresentadas as estimativas mais recentes sobre a incidência de tributos diretos e indiretos que caracteriza a regressividade do sistema tributário nacional. Ainda, serão disponibilizados os dados socioeconômicos por gênero e raça, a fim de analisar as desigualdades de renda no Brasil por uma lente interseccional. Na sequência, os dois estudos serão relacionados, com o objetivo de responder como a regressividade se relaciona a questões de gênero e raça. Por fim, a interseccionalidade será brevemente apresentada como uma ferramenta necessária aos estudos fiscais.

Em sequência, os capítulos 4, 5 e 6 pretendem avançar na investigação dos vieses implícitos que existem no Brasil para além da regressividade tributária. Esses capítulos percorrem o segundo objetivo da pesquisa, que é investigar se vieses implícitos de gênero podem ser encontrados na tributação sobre os produtos ligados à biologia feminina e ao trabalho de cuidado. Para isso, o capítulo 4 investiga o que constitui o trabalho de reprodução social, que engloba o trabalho reprodutivo, o trabalho doméstico e o trabalho de cuidado. Também analisa os dados brasileiros acerca do trabalho doméstico e de cuidado desempenhado pelas mulheres e os dados referentes aos tipos de agrupamentos familiares, composição de crianças e idosos nos lares chefiados por homens brancos, mulheres brancas, homens negros e mulheres negras. O capítulo 5 pretende investigar o consumo das famílias para apurar se, quando os lares são chefiados por mulheres, eles gastam mais nas categorias ligadas à subsistência e à manutenção da vida. Por fim, o capítulo 6 traz uma investigação inédita sobre a incidência tributária de produtos ligados à fisiologia feminina e ao trabalho de cuidado, a fim de examinar se esses produtos são mais ou menos tributados que produtos semelhantes não essenciais e se isso cumpre os princípios da capacidade contributiva e da seletividade, preconizados pela CRFB/88.

Espera-se, com este trabalho, desmistificar que a tributação brasileira é neutra e contribuir para o avanço na pauta de tributação e gênero por um sistema tributário mais justo para todas e todos.

CAPÍTULO 2

VIESES DE GÊNERO NA TRIBUTAÇÃO: SURGIMENTO DO CAMPO DE PESQUISA, PRINCIPAIS CONTRIBUIÇÕES E DEBATES ATUAIS

Em 1996, Janet Stotsky, à época consultora do departamento de assuntos fiscais do Fundo Monetário Internacional (FMI), diante do cenário de reformas tributárias em diversos países para alterar legislações que afetavam especificamente as mulheres, escreveu o paradigmático *paper* "Gender Bias in Tax System". Em seu artigo, a autora sistematizou as reformas tributárias com perspectiva de gênero que ocorriam no mundo e, ainda, de forma pioneira, propôs uma metodologia de análise desses vieses de gênero na tributação, de modo que seu *paper* é considerado o marco inaugural do campo de pesquisa de tributação e gênero.

Todavia, apesar de Stotsky ter sido a primeira a propor uma moldura para analisar esses vieses de gênero na tributação, outras autoras já apontavam para a existência dessa realidade. De forma genérica, a discussão já se fazia presente nas investigações de Diane Elson (1987, 1991) sobre os vieses de gênero nas teorias e análises macroeconômicas; no trabalho da jurista Claire Young (1995) em pesquisar sobre o impacto dos gastos tributários e das deduções sobre mulheres pobres, mulheres idosas, mulheres mães e mulheres lésbicas; e, de forma pontual, na Declaração e Plataforma de Ação da IV Conferência Mundial da Mulher em Pequim (1995).

No entanto, o objetivo do *paper* de Stotsky, partindo da existência desses vieses de gênero na tributação, foi entender sua natureza e propor uma moldura para analisá-los. Essa metodologia continua a ser utilizada ainda hoje, como no relatório *Tax Policy and Gender Equality* (OECD, 2022), que será tratado no item 2.3.1.

Assim, o objetivo deste capítulo é situar o enquadramento metodológico dos vieses implícitos e explícitos de gênero na tributação e analisar as principais contribuições do campo de pesquisa de tributação e gênero, especialmente nas temáticas que tocam esta pesquisa – relação da tributação indireta com trabalho reprodutivo, doméstico e de cuidado.

Este capítulo será dividido em três seções, tendo como marco temporal o *paper* de Stotsky. Na primeira, serão analisados três trabalhos que antecederam Stotsky (1996): Diane Elson (1987, 1991), Claire Young (1995) e a Conferência de Pequim (DECLARAÇÃO..., 1995). Na segunda, serão vistos os principais conceitos trazidos pelo artigo de Stotsky, especialmente sobre tributação indireta. Por fim, na terceira seção, serão apresentadas investigações recentes sobre a temática, que complementam e atualizam o trabalho de Stotsky, como o relatório da Organização para Cooperação e o Desenvolvimento Econômico (OECD, 2022), além das pesquisas que têm como foco os países do Sul Global e a breve resumo da literatura brasileira sobre tributação e gênero.

2.1. PRIMEIROS DEBATES: NEUTRALIDADE DE GÊNERO É INVISIBILIZAÇÃO DE GÊNERO

2.1.1. DIANE ELSON E A CRÍTICA À SUPOSTA NEUTRALIDADE DE GÊNERO NA ECONOMIA

Desde a década de 1980, especialistas já apontavam a existência de um viés de gênero nas políticas econômicas e fiscais. Uma das precursoras no assunto foi a economista Diane Elson (1987), que demonstrou como a suposta neutralidade de gênero das discussões macroeconômicas constituía, na verdade, uma teoria enviesada. Para a autora, a aparente indiferença[11] em termos de gênero nas teorias macroeconômicas mascara um viés mais profundo de discriminação contra as mulheres ou, como formulou, um viés masculino na economia que beneficia os homens (ELSON, 1987, 1991).

---

11 O termo utilizado originalmente pela autora, "gender-blind", conceito usado para descrever quando uma política não "enxerga" o gênero/sexo das pessoas, sendo supostamente imparcial para homens e mulheres, será traduzido aqui como "indiferença" e "invisibilização".

Elson (1987) descreve que há um pressuposto camuflado nos procedimentos de análise e formulação política que oculta o processo de reprodução e manutenção dos recursos humanos e da vida desempenhado pelas mulheres, visto que, como a economia é definida principalmente em termos de mercado de bens e serviços, ela ignora o trabalho de cuidar das crianças, buscar água, preparar comida, limpar casa, cuidar de doentes, entre outros, trabalhos esses predominantemente femininos. Assim, Diane Elson (1987, p. 3, tradução nossa)[12] revela que, "[a]o excluir a consideração explícita deste trabalho e dos recursos que ele requer, a análise e as políticas macroeconômicas têm um viés conceitual embutido contra as mulheres".

Elson (1987, p. 4) ainda declara que esse viés discriminatório embutido nos conceitos macroeconômicos tem grandes consequências práticas para as mulheres, já que um suposto sucesso de uma política macroeconômica, medido por "aumento de eficiência", pode ser conquistado à custa do aumento do trabalho não remunerado de mulheres, sendo, na verdade, apenas uma transferência de custo da economia paga para a economia não paga. Um custo que a autora aponta como invisível para os formuladores de políticas macroeconômicas, mas que pode ser revelado em estatísticas de saúde e estado nutricional das mulheres – ou ainda, acrescenta-se, nas estatísticas de horas de trabalho doméstico e de cuidado[13]. A economista elucida:

> Por exemplo, uma redução no tempo que os pacientes passam no hospital pode parecer para os economistas um aumento na eficiência do hospital, mas pode, de fato, resultar em uma transferência dos custos dos cuidados aos doentes da economia paga para a economia não paga. Os custos monetários do hospital por paciente caem, mas o trabalho não remunerado das mulheres no lar aumenta. Este não é um aumento genuíno da eficiência; é simplesmente uma transferência de custos do hospital para a casa (ELSON, 1987, p. 4, tradução nossa)[14].

---

12 "By excluding explicit consideration of this work, and of the resources it requires, macro-economic analysis and policy has a built-in conceptual bias against women."

13 O IBGE denomina, entre as categorias "outras formas de trabalho", o "trabalho doméstico" e o "trabalho de cuidado", cujas horas despendidas são publicados como mesma categoria "trabalho doméstico e de cuidado". Esses conceitos serão detalhados no capítulo 4.

14 "For instance, a reduction in the time patients spend in hospital may seem to economists to be an increase in the efficiency of the hospital, but may in fact result in a transfer of the costs of care for the sick from the paid economy to the unpaid economy. The money costs of the hospital per patient fall but the unpaid work of women in the household rises. This is not a genuine increase in efficiency; it is simply a transfer of costs from the hospital to the home."

A premissa de que a desconsideração do trabalho doméstico e de cuidado constitui um viés de discriminação contra as mulheres é basilar para a investigação da presente pesquisa e será aprofundada nos capítulos 4 e seguintes.

Na perspectiva de direito das mulheres, um dos primeiros direitos a serem reconhecidos internacionalmente foi o da igualdade salarial[15]. Todavia, Diane Elson (1987, p. 14) aponta que, enquanto mulheres carregarem o duplo peso do trabalho não remunerado na reprodução e na manutenção da vida, não haverá possibilidade de elas competirem com homens no mercado em igualdade de posição.

Elson (1987) aponta também que o grupo de "mulheres" não é homogêneo, e que mulheres de alta renda podem reduzir sua desvantagem em comparação aos homens contratando substitutas para seu próprio trabalho, como empregadas domésticas, babás e cozinheiras – constatação que será vista no capítulo 4, a partir dos dados relativos a horas despendidas em trabalho doméstico e de cuidado de acordo com renda e raça das mulheres, segundo o IBGE. Para a autora, isso pode diminuir consideravelmente a desvantagem de uma mulher, mas não a elimina – como também será visto no capítulo 4, os dados do IBGE demonstram que as horas de trabalho não remunerado realizado por mulheres diminuem à medida que a renda aumenta, mas, ainda assim, mulheres de classe alta ainda despendem muito mais horas em trabalho não remunerado que homens de todas as classes.

Para diminuir a carga de trabalho das mulheres em trabalho não pago, Elson (1987, p. 14, tradução nossa) destaca a necessidade de aumento dos serviços públicos com abastecimento de água, eletricidade, transporte público de qualidade, saúde e educação:

> Se a maioria das mulheres quer ganhar com o acesso aos mercados, elas também precisam de acesso a serviços do setor público, como abastecimento de água, eletricidade, instalações de eliminação de resíduos, transporte público, saúde e educação, que aliviarão a carga de seu trabalho não

---

15 A igualdade salarial entre homens e mulheres foi explicitamente adotada pelo Pacto dos Direitos Econômicos e Sociais (Pidesc, 1966) art. 7°, i) e, posteriormente, reafirmado pela Convenção pela Eliminação da Discriminação contra Mulher (Cedaw, 1979).

remunerado e permitirão que adquiram as habilidades necessárias para entrar no mercado.[16]

Como será visto no capítulo 5, essas mesmas categorias apontadas por Elson representam não apenas tempo de trabalho não remunerado das mulheres, mas também despesas para elas. A responsabilização das mulheres pelas tarefas domésticas e de cuidado torna perceptível nas despesas familiares que mulheres chefes de família gastam mais da renda familiar com as necessidades básicas que os lares chefiados por homens.

Assim, como será desenvolvido adiante, essa responsabilização social pelo trabalho de cuidado tem um duplo custo às mulheres: custa tempo e custa dinheiro, e ambos os fatores terão como consequência a diminuição da autonomia econômica feminina. Desse modo, para construir políticas visando a autonomia econômica das mulheres é necessário não apenas garantir a igualdade salarial, mas também aumentar a prestação de serviços públicos e fomentar a redistribuição do trabalho doméstico e de cuidado.

Uma divergência entre Diane Elson e outras autoras adotadas neste trabalho é que Elson supõe que o mercado em si não apresenta viés de gênero, mas, sozinho, não consegue contornar essas desigualdades entre homens e mulheres. Outras autoras que serão analisadas adiante, como Silvia Federici (2019a), apontam que, em verdade, o mercado se apropria e se beneficia dessa discriminação, pois, para que o capital obtenha os lucros advindos da exploração do trabalho produtivo de homens e mulheres, é imprescindível haver exploração do trabalho de reprodução social desempenhado pelas mulheres.

Ao longo dos anos, Diane Elson escreveu vasta literatura sobre os impactos desse viés masculino – que beneficia os homens e prejudica

---

16 "If most women are to gain from access to markets, they also need access to public sector services, such as water supplies, electricity, waste disposal facilities, public transport, health care and education, which will lighten the burden of their unpaid work and enable them to acquire the skills they need to enter the market."

as mulheres – na macroeconomia, e, especificamente nos processos de desenvolvimento[17] dos países e nas políticas de ajuste fiscal[18]:

> Quando a suposta neutralidade de gênero mascara o preconceito masculino, isso serve para obscurecer a distribuição de custos e benefícios do processo de desenvolvimento entre homens e mulheres. Serve também para obscurecer as barreiras que as assimetrias de gênero constituem para a realização bem-sucedida de muitos objetivos da política de desenvolvimento (ELSON, 1991, p. 23, tradução nossa)[19].

Como visto, as diversas contribuições de Diane Elson foram essenciais para questionar a suposta neutralidade de teorias e políticas econômicas e demonstrar a necessidade de tornar visíveis as relações de gênero na economia. Ao afirmar que a indiferença de gênero não leva à neutralidade, mas sim a uma teoria enviesada que beneficia os homens, Elson abriu caminho para que tanto as decisões econômicas fossem questionadas, mas também as próprias escolhas tributárias, como será visto adiante em Claire Young.

2.1.2. CLAIRE YOUNG E A TRIBUTAÇÃO COMO FATOR DE EMPOBRECIMENTO DAS MULHERES

Claire Young (1995) escreveu o paradigmático artigo "(In)visible Inequalities: Women, Tax and Poverty", em que analisou as desigualdades enfrentadas por diferentes grupos de mulheres: mulheres pobres, idosas, lésbicas e mães no contexto tributário canadense.

Young parte do importante pressuposto de que as mulheres não são um grupo monolítico e que é essencial analisar como a tributação afeta diferentes grupos de mulheres de acordo com classe, idade

---

17 Ver obra coordenada por Diane Elson: *Male Bias in the Development Process* (ELSON, 1991).

18 Para uma análise mais recente sobre o impacto de ajustes fiscais sobre as mulheres, ver: LAHEY, Kathleen A.; DE VILLOTA, Paloma. Economic Crisis, Gender Equality, and Policy Responses in Spain and Canada. *Feminist Economics*, [s. l.], v. 19, n. 3, p. 82-107, jul. 2013. Disponível em: https://www.tandfonline.com/doi/full/10.1080/ 13545701.2013.812267. Acesso em: 17 fev. 2023.

19 "When supposed gender neutrality masks male bias, this serves to obscure the distribution of costs and benefits of development processes between men and women. It also serves to obscure the barriers that gender asymmetries constitute to the successful realisation of many development policy objectives."

e orientação sexual[20]. O objetivo da autora, assim, é "avaliar o impacto de particular grupo e determinar se o sistema tributário trata esse grupo de forma justa e, se não, por quê" (YOUNG, 1995, p. 101, tradução nossa)[21].

Subscrevendo os apontamentos de Maureen Maloney, Young (1995, p. 104) afirma que as noções de equidade, tanto horizontal como vertical, captam vieses de classe, mas têm eficácia limitada. Por isso, é necessário levar em conta a igualdade substantiva[22], não apenas a igualdade em seu sentido formal. Como será visto adiante, diversas autoras e estudos econômicos também apontam para a insuficiência de se investigar apenas questões de classe para enfrentar o problema das desigualdades.

A jurista sustenta que a discriminação de gênero é evidente quando se analisam os subsídios fiscais. Por isso, para além da discussão se os gastos tributários devem ser examinados pelas regras de tributação ou pelas regras orçamentárias, Young (1995, p. 104) propõe avaliar quem se beneficia desses créditos tributários e, mais ainda, quem não se beneficia deles.

A autora afirma ainda que o sistema tributário exacerba o problema das mulheres pobres na medida que os gastos tributários, aparentemente neutros, na verdade são indisponíveis ou impróprios para mulheres por causa de sua pobreza (YOUNG, 1995, p. 106). Assim, a jurista aponta que, quando um sistema tributário escolhe fazer gastos tributários por meio de deduções no imposto de renda e não como

---

20 Todavia, a autora não aborda a relação da tributação com as mulheres não brancas no Canadá, onde há expressiva presença de povos originários indígenas e pessoas negras.

21 "[...] its impact on the particular group and determine if the system treats that group fairly and if not, why not."

22 Para leitura sobre igualdade substantiva na tributação, ver: FREDMAN, Sandra. Taxation as a Human Rights Issue. Tax, Inequality, and Human Rights. [S. l.]: Oxford University Press, 2019. p. 81-98; e LAHEY, Kathleen A. Women, Substantive Equality, and Fiscal Policy: Gender-based Analysis of Taxes, Benefits, and Budgets. *Canadian Journal of Women and the Law*, [s. l.], v. 22, n. 1, p. 27-106, 2010.

devolução de crédito, ele discrimina os contribuintes de baixa renda, que são, em sua maioria, mulheres[23].

Nesse sentido, as mães são discriminadas pelo sistema tributário canadense de diversas formas. Em primeiro lugar, as mães pobres não podem se beneficiar das deduções com gastos relativos aos cuidados infantis, pois são entregues como dedução e não como crédito fiscal. Em segundo lugar, apenas algumas mulheres são elegíveis, visto que, para o sistema tributário canadense, a definição de "renda" a ser deduzida exclui mães cuja única renda seja o seguro-desemprego ou pensão alimentícia, e estas não podem utilizar a dedução com cuidados infantis (YOUNG, 1995, p. 115). Por fim, as regras fiscais ainda obrigavam, à época, as mães a incluir o recebimento de pensão alimentícia em seu próprio rendimento.

Também no Brasil, quem paga a pensão alimentícia, majoritariamente os homens, tem direito à dedução integral da base de cálculo do Imposto de Renda da Pessoa Física (IRPF) e, até recentemente, quem recebia a pensão dos dependentes, geralmente as mulheres, tinha esses valores considerados como renda e deveria submetê-los à tributação, conforme o art. 8º, II, "f", da Lei nº 9.250/95, o art. 3º, § 1º, da Lei nº 7.713/88 e os arts. 4º e 72 do Decreto nº 9.580/2018[24]. Em interessante estimativa, Isabelle Rocha (2022) calculou a incidência de imposto de renda para uma família constituída por um pai com renda de R$ 8 mil, uma mãe que aufere R$ 4.500 de renda e dois filhos. Se casados, a alíquota de IRPF seria de 5,86% para a mãe e de 9,9% para o pai. Após o divórcio e recebendo pensão alimentícia dos filhos, a mãe passaria a sofrer uma alíquota de 8,68% de IRPF, enquanto o pai, de apenas 4,7%, quase metade da ex-esposa. Mesmo se a mãe não declarasse os filhos como dependentes, perdendo as deduções correspondentes, mesmo assim arcaria com uma alíquota de 5,6% de IRPF, ainda superior à do pai da criança. A mudança ocorreu pela decisão do Supremo Tribunal Federal (STF) na Ação Direta de Inconstitucionalidade (ADIn) 5.422,

---

23 Argumento semelhante é visto na literatura brasileira em torno das deduções de imposto de renda, que beneficiam, *a priori*, a população de média e alta rendas.

24 Novamente, vale conferir a dissertação de Isabelle Rocha (2020) e seu artigo "A pensão imposta e o custo reverso: o imposto de renda sobre a pensão alimentícia e a desigualdade implícita de gênero que ela provoca" (2022).

em que declarou inconstitucional a cobrança de imposto de renda sobre pensões alimentícias decorrentes do direito de família.

Em outra esfera, Young (1995) demonstra que o desenho fiscal de gastos tributários não é neutro: a existência de subsídios fiscais para ganhos de capital e a não tributação da propriedade de capital beneficiavam predominantemente os homens. A autora alerta que, em 1992, os valores de deduções de ganho de capital reivindicados por homens eram, em média, mais de US$ 5.000 a mais que os das mulheres (YOUNG, 1995, p. 108).

Assim, Claire Young destaca que um sistema tributário não será justo se a riqueza não for tributada[25], e aponta para a necessidade do olhar sobre gênero na análise da justiça tributária:

> Um dos objetivos de um sistema tributário é a redistribuição de renda e recursos dos ricos para os pobres. Se a riqueza, constituída por bens de propriedade principalmente de homens, não fizer parte da base tributária pessoal, qualquer redistribuição de riqueza será prejudicada por essa omissão. Como as mulheres são a maioria dos pobres no Canadá, elas carregam o fardo das consequências adversas (YOUNG, 1995, p. 107, tradução nossa)[26].

Conjuntura semelhante é encontrada no Brasil visto que a tributação da renda é pouco progressiva, não foi implementada a tributação sobre grandes fortunas[27], há isenção para lucros e dividendos[28] e pouca tributação sobre transmissão de bens, seja por doação, seja por morte[29], políticas tributárias que beneficiam o topo da pirâmide, constituído, em sua grande maioria, de homens brancos, como será demonstra-

---

25 Em raciocínio semelhante, apontam Evanilda Godoi e Thomas Bustamante (2021), como será abordado no próximo capítulo.

26 "One of the objectives of a tax system is the redistribution of income and resources from the rich to the poor. If wealth, as constituted by property primarily owned by men, is not part of the personal tax base, any redistribution of wealth is adversely affected by that omission. Because women form the majority of the poor in Canada, they bear the burden of the adverse consequences."

27 Por falta de regulamentação do art. 153, VII, da CRFB/88.

28 Lei nº 9.249, de 26 de dezembro de 1995.

29 Sobre a tributação de herança e sua função redistributiva, ver: DOMINGUES, Nathália Daniel. *Tributação da herança*: o resgate da função redistributiva do tributo na realidade brasileira. 2016. 217 f. Dissertação (Mestrado em Direito) – Universidade Federal de Minas Gerais, Belo Horizonte, 2016.

do no próximo capítulo. Assim, similarmente ao modelo tributário criticado por Young, o sistema tributário brasileiro, quando escolhe tributar menos ou não tributar determinada base hegemonizada por homens, demonstra uma discriminação de gênero[30].

De tal forma, Claire Young (1995) tem contribuição fundamental ao debate de tributação e gênero ao demonstrar que as escolhas tributárias não são neutras ao gênero: quando um sistema tributário decide isentar ou não tributar determinada base, ou quando escolhe realizar os gastos tributários, por meio seja de dedução, seja de devolução de créditos, essas decisões não são equânimes e afetam diferentemente homens e mulheres, sendo estas prejudicadas em benefício daqueles.

2.1.3. DECLARAÇÃO DE PEQUIM: RECONHECIMENTO INÉDITO DAS NAÇÕES UNIDAS DE QUE A TRIBUTAÇÃO PODE SER UM FATOR DE DISCRIMINAÇÃO DE GÊNERO

Em setembro de 1995, ocorreu a IV Conferência Mundial sobre a Mulher em Pequim, na China, maior conferência de direitos das mulheres já realizada. O encontro aprovou a Declaração e Plataforma de Ação de Pequim (ou Declaração de *Beijing*), sendo o documento mais completo em direitos das mulheres já produzido em uma conferência da Organização das Nações Unidas (ONU), que partiu da incorporação dos tratados anteriores, entre eles a Convenção sobre a Eliminação de Todas as Formas de Discriminação contra a Mulher (1979) (mais conhecida pela sigla em inglês Cedaw).

Da perspectiva dos direitos econômicos das mulheres, o objetivo da Declaração era encontrar formas de garantir a emancipação feminina prioritariamente pelo trabalho, enfrentando as causas estruturais da pobreza por meio de reformas nas políticas econômicas, nos impostos, no orçamento público e na garantia de acesso à terra, ao crédito, a empréstimos, à herança, que perpassam essencialmente pela eliminação dos vieses de gênero nas legislações e pela proposição de políticas afirmativas.

---

30 Essa análise sobre os vieses de gênero nas escolhas que moldam o sistema tributário brasileiro e beneficiam os homens é fortemente demonstrada na dissertação de mestrado de Danielle Ambrosano: *Justiça fiscal e desigualdade de gênero e raça no Brasil* (2021).

A Declaração e Plataforma de Ação elencou doze temas prioritários; destaca-se três deles: "A. A mulher e a pobreza", "F. A mulher e a economia" e "H. Mecanismos institucionais para o avanço da mulher", além de um capítulo destinado a tratar dos recursos financeiros para o avanço das mulheres: "Capítulo VI – Disposições Financeiras" (DECLARAÇÃO..., 1995).

Dentro desses temas, alguns tópicos abordados na Declaração se conectam com esta pesquisa e serão brevemente analisados nesta seção: (i) o reconhecimento, vale destacar, inédito, de que a tributação da renda pode ser um fator de discriminação às mulheres; (ii) o enfoque da interseccionalidade na análise da pobreza e das desigualdades de gênero; (iii) o peso do trabalho do cuidado como possível fator de empobrecimento das mulheres; (iv) a necessidade de incorporar a perspectiva de gênero em todo processo de construção de políticas econômicas, na elaboração e no acompanhamento de políticas macro e microeconômicas, ajustes fiscais e, especialmente, no orçamento; e, por fim, (v) a afirmação de que o orçamento público é instrumento necessário para efetivar os direitos das mulheres.

A temática que perpassa por todos os temas é a feminilização da pobreza. A Conferência tratou não apenas de analisar a desigualdade de renda, mas de investigar por que as mulheres estão em maior situação de pobreza que os homens. O documento declara que, além de fatores econômicos, a "rigidez das funções que a sociedade atribui por razões de gênero e o limitado acesso da mulher ao poder, à educação, à capacitação e aos recursos produtivos" (art. 47 do Plano de Ação [DECLARAÇÃO..., 1995]) são fatores que levam à pobreza feminina.

A Declaração abordou de forma inédita a relação entre a pobreza das mulheres e a economia, os ajustes fiscais e as demais escolhas macroeconômicas. Antes, os documentos das Nações Unidas resguardavam os direitos das mulheres na esfera econômica apenas pela necessidade de o Estado garantir a igualdade salarial, na Declaração e Plataforma de Ação de Pequim há o reconhecimento de que o Estado contribui para a feminilização da pobreza, tratando da responsabilização estatal.

Pela primeira vez, ao analisar a pobreza no objetivo estratégico "A.1. Rever, adotar e manter políticas macroeconômicas e estratégias de desenvolvimento que considerem as necessidades das mulheres e apoiem seus esforços para superar a pobreza", a questão tributária é levantada explicitamente em uma Declaração das Nações Unidas, elencando que os governos devem examinar a tributação com perspectiva de gênero:

> 58. Medidas que os governos devem adotar:
> [...]
> b) **analisar, a partir de uma perspectiva de gênero, as políticas e os programas, inclusive os relativos à** estabilidade macroeconômica, ao ajuste estrutural, aos problemas da dívida externa, **à tributação**, aos investimentos, ao emprego, aos mercados e todos os setores pertinentes da economia, **com relação aos seus efeitos na pobreza, na desigualdade, e particularmente na mulher;** avaliar as repercussões dessas políticas e programas no bem-estar e nas condições de vida da família e ajustá-los, conforme convenha, para estimular uma distribuição mais equitativa dos bens de produção, do patrimônio, das oportunidades e rendas, e dos serviços; (DECLARAÇÃO..., 1995, grifo nosso).

O documento resultante da IV Conferência da Mulher de Pequim também declara que os ajustes estruturais, por serem acompanhados da redução do gasto social, são mais prejudiciais às mulheres, pois "a responsabilidade dos serviços sociais básicos, que antes era dos governos, passou a recair sobre as mulheres" (art. 18 do Plano de Ação [DECLARAÇÃO..., 1995]), questão denunciada anteriormente por outras pesquisadoras, como Diane Elson (1987, 1991), e posteriormente reafirmada por Stotsky (1996).

Também há o importante reconhecimento das interseccionalidades que atingem diferentes mulheres: em diversos artigos ao longo da Declaração e Plataforma de Ação, há menção aos vários obstáculos que impedem o avanço das mulheres, como "raça, idade, idioma, etnia, cultura, religião, deficiência física, ou por serem indígenas" (art. 32 da Declaração e art. 46 da Plataforma de Ação [DECLARAÇÃO..., 1995]). O documento, inclusive, indica que os governos devem adotar medidas e programas que favoreçam a autossuficiência de grupos especiais de mulheres, como jovens, deficientes, idosas, e de minorias étnico-raciais (art. 175 da Plataforma de Ação [DECLARAÇÃO..., 1995]).

Vale destacar que em diversos momentos a Declaração e Plataforma de Ação apresenta uma preocupação com o peso do trabalho de cuidado com crianças, idosos e enfermos que as mulheres desempenham de forma não remunerada dentro dos lares, assumindo que "as responsabilidades recaem desproporcionalmente sobre as mulheres, devido à falta de igualdade e à distribuição desequilibrada do trabalho remunerado e não remunerado entre mulheres e homens" (art. 30 da Plataforma de Ação [DECLARAÇÃO..., 1995]).

O documento apresenta o reconhecimento fundamental de que é preciso utilizar meios estatísticos[31] para tornar visíveis o trabalho da mulher e as suas contribuições para a economia, incluindo o trabalho não remunerado. E mais ainda: "[...] examinar a relação entre o trabalho não remunerado da mulher e a incidência da pobreza e a vulnerabilidade da mulher à pobreza" (art. 68 da Plataforma de Ação [DECLARAÇÃO..., 1995]).

No tópico "F. A mulher e a economia", há a constatação da baixíssima participação feminina na elaboração de políticas econômicas, e menciona-se, inclusive, a política tributária (art. 150), que tem como consequência a falta de análise de gênero nas estruturas econômicas, na economia, no sistema tributário e na seguridade social (art. 155), e que contribui para a continuidade da desigualdade entre homens e mulheres (art. 155). Por isso, a Plataforma de Ação coloca uma ação específica para reafirmar que os governos devem rever os sistemas tributários para eliminar vieses de gênero com o objetivo de promover a independência econômica das mulheres e seus direitos econômicos:

> F. A mulher e a economia
> Objetivo Estratégico
> F.1 Promover a independência econômica das mulheres e seus direitos econômicos, inclusive os de acesso ao emprego, a condições de trabalho apropriadas e ao controle sobre os recursos econômicos
> Medidas que devem ser adotadas
> 165. Medidas que os governos devem adotar:
> [...]
> f) rever os sistemas nacionais de imposto de renda e de imposto sobre a herança e os sistemas de seguridade social, com o objetivo de eliminar qualquer possível discriminação contra as mulheres; (DECLARAÇÃO..., 1995, grifo do autor).

Outro ponto central do documento é a necessidade de desenvolver metodologias teóricas e práticas para incorporar a perspectiva de gênero em todos os aspectos econômicos, desde as políticas macroeconô-

---

31 As economistas Hildete Pereira de Melo e Lucilene Morandi (2021) desenvolveram uma proposta para mensurar o trabalho não remunerado (doméstico e de cuidado) das mulheres no Sistema de Contas Nacionais do Brasil.

micas, ajustes fiscais, tributação, e, em destaque, no orçamento público, como também analisar os efeitos de todas as políticas e programas em uma perspectiva de gênero. Para isso, o relatório aponta que é necessário que os institutos de pesquisa nacionais forneçam dados separados por sexo e idade sobre a pobreza[32].

Por fim, no capítulo destinado a tratar dos recursos financeiros, a Plataforma destaca que, para atingir os objetivos adotados na IV Conferência, cabe aos Estados garantir recursos suficientes e

> [...] rever sistematicamente como as mulheres se estão beneficiando dos gastos do setor público; ajustar os orçamentos para assegurar igualdade de acesso aos gastos do setor público, tanto para aumento da capacidade produtiva quanto para atender a necessidades sociais; e alcançar os compromissos relativos ao gênero feitos em outras cúpulas e conferências das Nações Unidas [...] (art. 346 da Plataforma de Ação [DECLARAÇÃO..., 1995]).

Como visto nesta seção, a Declaração e Plataforma de Ação de Pequim trouxe inúmeros avanços na compreensão dos direitos das mulheres, indicando como as políticas econômicas do Estado – em destaque, a tributação – e a desigualdade na realização do trabalho doméstico e de cuidado podem ser fatores de empobrecimento das mulheres.

Entre as saídas, o documento aponta que é imprescindível adotar a perspectiva de gênero em todas as fases – elaboração, execução e avaliação – de políticas econômicas, fiscais, tributárias e orçamentárias, garantindo, igualmente, recursos financeiros para efetivar os direitos das mulheres.

2.2. JANET STOTSKY E A CONSTRUÇÃO DE UMA MOLDURA TEÓRICA PARA OS ESTUDOS EM TRIBUTAÇÃO E GÊNERO

Em 1996, com objetivo de examinar a natureza do viés de gênero na tributação, Janet Stotsky publica o trabalho que marca definitivamente o surgimento do campo de estudos de tributação e gênero: "Gender Bias in Tax Systems". Apesar de a autora não ser a primeira a reconhecer a existência de vieses de gênero na tributação, Stotsky é a primeira

---

32 Destaca-se ainda que os dados sobre raça são imprescindíveis para qualquer investigação ou política de combate à pobreza, principalmente com dados interseccionados por gênero e raça, como demonstrado no capítulo 3.

a propor uma moldura teórica para analisá-los. Essa categorização é até hoje utilizada para investigar as discriminações de gênero em um sistema tributário.

Segundo definição da autora:

> O preconceito de gênero pode assumir formas explícitas e implícitas. Os vieses explícitos são disposições específicas da lei ou regulamentos que identificam e tratam homens e mulheres de forma diferente. As formas implícitas são disposições da lei e regulamentos que, devido a arranjos sociais e comportamento econômico típicos, tendem a ter implicações diferentes para os homens do que para as mulheres (STOTSKY, 1996, p. 1, tradução nossa)[33].

Stotsky (1996) aponta que a discriminação explícita é mais facilmente encontrada no imposto de renda da pessoa física, já que é um imposto pessoal que tem tratamento diferenciado de acordo com o sexo ou o estado civil[34]. A economista traz alguns exemplos desses vieses explícitos: na África do Sul, até 1995, havia alíquotas diferentes para mulheres e homens, sendo a maior alíquota para mulheres casadas; na Grã-Bretanha, até 1990, e na França, até 1993, as legislações tributárias dispunham que somente o marido poderia apresentar a declaração de imposto de renda do casal. Outras legislações apresentavam vieses ao permitir isenções fiscais no imposto de renda apenas quando o homem casado fosse o único provedor da família, mas não quando a mulher casada fosse a única provedora.

Já sobre os vieses implícitos no imposto de renda, Stotsky alerta para os sistemas de declaração conjunta, em que o aumento de alíquotas marginais no imposto acaba por desencorajar os trabalhadores secundários de uma família, em geral, mulheres, a trabalhar. A autora também demonstrou a existência de discriminação de gênero em legislações de declaração individual que, independentemente da realidade do

---

33 "Gender bias may take both explicit and implicit forms. Explicit forms are specific provisions of the law or regulations that identify and treat men and women differently. Implicit forms are provisions of the law and regulations that, because of typical social arrangements and economic behavior, tend to have different implications for men than for women."

34 Para análise da discriminação de gênero no IRPF no Brasil, ver Rocha (2020).

casal, alocavam a renda não advinda do trabalho, como aluguéis ou de negócios familiares, como renda do marido[35].

Nos impostos sobre mercadoria, Stotsky (1996, p. 12) aponta que, apesar de não haver discriminação explícita, pois não existe diferença de alíquota se o comprador for homem ou mulher, isso não significa que esses impostos sejam neutros quanto ao gênero, pois podem possuir preconceitos implícitos. Esse pressuposto teórico é uma das bases da investigação da presente pesquisa e será investigado com propriedade nos capítulos 5 e 6.

Tratando da discriminação implícita nos impostos de valor agregado, Stotsky elucida como esse viés pode ser visto na escolha de quais bens terão alíquota reduzida ou zerada:

> Há muitas maneiras pelas quais o viés implícito pode se manifestar em um IVA ou outro imposto sobre consumo de base ampla. Uma forma é através da escolha da cobertura do imposto de base ampla. Esses impostos, embora tenham a intenção de tributar uma ampla definição de consumo, normalmente fornecem isenções ou tributação reduzida em algumas formas de consumo. Por exemplo, sob um IVA típico, certos bens podem ser isentos e outros com alíquota zero ou tributados com alíquota reduzida. [...] **A questão é se esse tratamento preferencial induz algum viés implícito nesses impostos** (STOTSKY, 1996, p. 13, tradução nossa, grifo nosso)[36].

A escolha de quais produtos serão isentados é política, e, como a própria Stotsky (1996, p. 3) aponta no início do trabalho, o sistema tributário é reflexo de decisões legislativas que são influenciadas por

---

35 Contemporaneamente, Misabel Derzi (1995, p. 146), sintetizando as críticas advindas dessas reformas jurídicas e doutrinárias na década de 1980 na Europa e nos Estados Unidos, reforça a necessidade de "neutralidade do Estado diante do modelo ideal de casamento, não podendo a lei assumir o papel pedagógico de reconduzir a mulher ao trabalho doméstico, por meio de tributações mais agressivas a segunda renda familiar (em geral à da mãe de família)".

36 "There are many ways in which implicit bias could manifest itself in a VAT or other broad-based consumption tax. One way is through the choice of Broad-based commodity taxes coverage of the tax. Such taxes, though they are intended to tax a comprehensive definition of consumption, typically provide exemptions or reduced taxation on some forms of consumption. For instance, under a typical VAT, certain goods may be exempted and others zero-rated or taxed at a reduced rate. Similarly, under a retail sales tax, some goods may be exempted or taxed at a reduced rate. [...] The issue is whether this preferential treatment induces any implicit biases in these taxes."

diversos fatores. Como será demonstrado no capítulo 6, vários produtos essenciais e de consumo predominante das mulheres contam com alíquota superior a seus semelhantes não essenciais.

O segundo tópico de análise da autora na tributação sobre mercadorias é a discriminação implícita relacionada ao padrão de consumo. Segundo Stotsky (1996), como os impostos sobre consumo muitas vezes recaem sobre o consumidor final, é preciso investigar como o aumento ou a redução de alíquotas afeta os consumidores finais. Assim, o viés implícito pode resultar dos diferentes padrões de consumo de homens e mulheres, visto que, embora uma casa possa ser compartilhada por homens e mulheres, estes "derivam utilidade do consumo" de forma individual. Ou seja, as prioridades de homens e mulheres dentro de um mesmo lar podem ser diferentes. De acordo com a economista, parece haver poucas pesquisas sobre isso. Stotsky (1996, p. 13-14, tradução nossa) aponta que

> [o] viés implícito resulta da suposição de que, apesar de homens e mulheres poderem compartilhar a mesma casa, eles derivam utilidade do consumo separadamente. Isso é, obviamente, inconsistente com a visão estabelecida de tomada de decisão familiar, que assume que a família pode ser tratada como um único agente maximizador de utilidade. Esse conceito de maximização da utilidade doméstica sugeriria que não há viés implícito, uma vez que os benefícios do consumo dos membros da família não podem ser separados na função de utilidade e a divisão entre os diferentes membros é irrelevante. Embora talvez seja necessário como ferramenta para simplificar o trabalho teórico e empírico, essa noção é claramente irrealista como descrição do comportamento doméstico[37].

Como será visto no capítulo 5, a Pesquisa de Orçamentos Familiares (POF) do IBGE apura as despesas das famílias quando chefiadas por um homem ou uma mulher. Mas as diferenças de padrões de consumo

---

37 "The implicit bias results from the assumption that although men and women may share the same household, they derive utility from consumption separately. This is, of course, Inconsistent with the established view of household decision making, which assumes that the household can be treated as a single utility maximizing agent. This concept for household utility maximization would suggest that there is no implicit bias since the benefits of consumption of the members of the household cannot be separated in the utility function and the breakdown between the different members is irrelevant. While perhaps necessary as a tool for simplifying theoretical and empirical work, this notion is clearly unrealistic as a description of household behavior."

individual ou dentro do lar aparentemente não foram exploradas em nenhuma pesquisa. De todo modo, os dados do capítulo 5 corroboram com o apontado por Stotsky de que as despesas das famílias chefiadas por mulheres têm padrões distintos das despesas de famílias chefiadas por homens, com predomínio de gastos em aluguel, energia elétrica, gás, água, medicamentos e higiene em lares de chefia feminina.

Portanto, Stotsky denuncia, de modo semelhante a Diane Elson, que o pressuposto de teorias econômicas de que homens e mulheres dentro do lar agem da mesma forma com intenção de maximizar a utilidade doméstica, em verdade, é enviesado, pois homens e mulheres apresentam padrões de consumo distintos. A autora argumenta que, supondo que mulheres gastem mais com consumo de alimentos e cuidados médicos – como demonstrado nos dados do capítulo 5 –, o aumento da tributação sobre esses produtos constituiria um viés contra as mulheres:

> Digamos que a compra de bens de primeira necessidade seja considerada de domínio das mulheres e uma certa parcela da renda familiar seja alocada para essa compra, então a redução da tributação de tais necessidades poderia levar a um aumento na parcela da renda familiar sobre a qual as mulheres têm controle (STOTSKY, 1996, p.14)[38].

Em suma, Janet Stotsky foi precursora do campo de estudos de tributação e gênero ao analisar exaustivamente os vieses implícitos e explícitos nos impostos diretos e indiretos em vários sistemas tributários do mundo e, especialmente, ao propor uma moldura teórica para examinar essas discriminações de gênero na tributação[39] Quase trinta anos depois, seu trabalho ainda se mostra atual, sobretudo porque os vieses na tributação indireta permanecem pouco explorados, como será visto nos próximos capítulos.

---

38 "Say that the purchase of household necessities is considered the domain of women and a certain share of household income is allocated for this purchase, then reduced taxation of such necessities could lead to an increase in the share of household income over which women have control."

39 Igualmente relevante é a contribuição de Stotsky sobre orçamentos sensíveis a gênero. Ver: STOTSKY, Janet G. Gender Budgeting. IMF Working Paper, 06/232, 2006; e STOTSKY, Janet G. A elaboração de orçamentos com perspectiva de gênero: contexto fiscal e resultados atuais. Associação Internacional de Orçamento Público – ASIP, p. 11-77, 2017.

2.3. DEBATES ATUAIS

Após o *paper* de Stotsky, muito foi produzido, especialmente no Norte Global, sobre vieses de gênero na tributação. A seção 2.3.1 analisará o relatório da OCDE *Tax Policy and Gender Equality* (2022) que propôs uma metodologia para atualizar o trabalho de Stotsky e apurou como os países estão trabalhando o tema. Já a seção 2.3.2 apresentará um breve panorama sobre literatura a respeito das diferenças nos vieses de gênero nos sistemas tributários dos países do Sul Global e os debates brasileiros sobre o tema.

2.3.1. ANÁLISE DO RELATÓRIO INÉDITO DA OECD (2022) SOBRE TRIBUTAÇÃO E GÊNERO E OS VIESES IMPLÍCITOS DO SISTEMA TRIBUTÁRIO BRASILEIRO

Recentemente, a OCDE apresentou o relatório inédito *Tax Policy and Gender Equality* (OECD, 2022), que teve por objetivo investigar como os países estão considerando a igualdade de gêneros em suas políticas tributárias,bem como analisar os preconceitos implícitos e explícitos nos sistemas tributários em cada Estado. O estudo foi baseado na resposta dos próprios países participantes do questionário, que totalizaram 43, incluindo o Brasil, membros da OCDE, do G20 e outros.

O relatório investiga oito pontos-chave: (i) prioridades para política tributária e igualdade de gênero; (ii) vieses explícitos; (iii) vieses implícitos; (iv) processo de desenvolvimento de políticas e orçamento sensível a gênero; (v) *compliance* tributário e administrativo; (vi) dados sobre gênero e tributação disponibilizados para análise; (vii) usabilidade dos dados desagregados por gênero; (viii) prioridades e próximos passos dos países analisados. O documento ainda apresenta, ao final, interessante proposta de complementação da metodologia de vieses implícitos e explícitos de Stotsky (1996). Devido à extensão do relatório, serão tratados nesta seção apenas as temáticas que se relacionam ao contexto tributário brasileiro e a esta pesquisa.

Para a OECD (2022), o objetivo de investigar a relação entre tributação e gênero está em promover a igualdade, reduzir a discriminação com base no gênero e garantir a participação econômica das mulheres, objetivos que se fundam na Declaração Universal de Direitos Humanos e nos Objetivos de Desenvolvimento Sustentável (ODSs). Complementarmente, no próximo capítulo, será apresentado como a nossa própria

Constituição nos fornece as justificativas para analisar a tributação com olhar sobre gênero e raça.

Os estudos da OECD (2022, p. 8) apontam que, para além de uma questão de justiça, a discriminação e a desigualdade de gênero impedem o crescimento da renda de um país, principalmente em economias em desenvolvimento. A perda associada à discriminação de gênero gera redução de produtividade, do nível de educação e da participação das mulheres no mercado de trabalho, sendo essa perda estimada em até US$ 12 trilhões, ou 16% do Produto Interno Bruto (PIB) global em 2016 (OECD, 2022, p. 8).

O relatório reiteradamente afirma que a política tributária pode contribuir para a igualdade de gênero e para a redução das desigualdades. Além do mais, aponta diversas pesquisas que demonstram que, mesmo quando um sistema tributário não manifesta explicitamente preconceitos de gênero, podem ocorrer outros preconceitos implícitos devido à interação do sistema tributário com os diferentes níveis de renda auferida por homens e mulheres e a composição delas, decisões de consumo e expectativas sociais distintas sobre homens e mulheres (OECD, 2022, p. 6).

Desse modo, a política tributária tem efeitos concretos na vida de homens e mulheres, na medida em que pode incentivar ou desincentivar as mulheres ao trabalho, ao empreendedorismo, tem impacto sobre a renda disponível após a tributação, consumo e riqueza de homens e mulheres (OECD, 2022, p. 8). Por isso, é preciso reiterar que a suposta neutralidade de gênero na tributação é, na realidade, uma invisibilização de gênero, pois ignora os impactos que a tributação tem na vida das mulheres.

Como aponta o relatório, há algumas molduras teóricas para analisar o impacto da tributação sobre as mulheres, sendo a mais utilizada a de Stotsky (1996), sobre vieses explícito e implícito de gênero, já abordada neste capítulo. Reafirma o documento da OCDE (2022, p. 10, tradução nossa):

> [...] vieses implícitos surgem quando um sistema tributário neutro em termos de gênero interage com diferenças nas características ou nos comportamentos econômicos subjacentes entre homens e mulheres – incluindo níveis de renda, participação na força de trabalho, consumo, propriedade, empreendedorismo, poupança, moral fiscal e conformidade – de maneiras que reforçam os preconceitos de gênero. (Barnett, Grown, 2004) consideram que as diferenças de gênero na atividade econômica podem ser divididas em quatro grupos principais: (i) diferenças de gênero no emprego remunerado, (ii) trabalho das mulheres na economia do cuidado não

remunerado, (iii) diferenças de gênero nas despesas de consumo e (iv) diferenças de gênero nos direitos de propriedade e propriedade de bens[40].

Os fatores elencados por Barnett e Grown (*apud* OECD, 2022) podem ser uma ferramenta metodológica para investigar os vieses implícitos, observando como a tributação afeta as mulheres de acordo com as diferenças de gênero no trabalho remunerado, no trabalho não remunerado, nas despesas de consumo e nos direitos de propriedade e bens. Dois desses tópicos – trabalho não remunerado de cuidado e diferenças de gênero nas despesas de consumo – são o cerne desta pesquisa e serão tratados nos próximos capítulos.

Vale destacar que o relatório, assim como afirmou Young (1995), declara que as decisões sobre quais bases tributárias serão mais ou menos oneradas não são neutras e possuem vieses de gênero:

> A composição da tributação da receita em diferentes tipos de impostos também pode ter impacto na igualdade de gênero, principalmente em uma base dinâmica. Isso ocorre por meio dos diferentes impactos de vários tipos de impostos sobre o patrimônio e os incentivos econômicos concedidos a diferentes contribuintes. A progressividade do *mix* geral de impostos pode reduzir a carga tributária sobre as mulheres menos remuneradas, beneficiando as mulheres. Em contraste, níveis baixos de impostos sobre o rendimento do capital ou sobre o capital, ou altos níveis de impostos sobre o consumo, podem ter o impacto oposto. Por exemplo, (Gunnarsson, Spangenberg e Schratzenstaller, 2017[8]) observam que as mudanças na UE desde 1995 provavelmente transferiram a carga tributária na UE para as mulheres, dadas as tendências de longo prazo observadas na redução da progressividade da renda pessoal e impostos sobre o patrimônio, a redução das taxas de imposto sobre o capital e a renda das empresas, o aumento da carga tributária sobre os rendimentos do trabalho, principalmente nos grupos de baixa e média renda, bem como a maior utilização de impostos sobre o consumo no *mix* de impostos (OECD, 2022, p. 11, tradução nossa)[41].

---

40 "[…] implicit bias arises when a gender-neutral tax system interacts with differences in underlying economic characteristics or behaviours between men and women – including income levels, labour-force participation, consumption, ownership, entrepreneurship, savings, tax morale and compliance – in ways that reinforce gender biases. (Barnett, Grown, 2004) consider that gender differences in economic activity can be divided into four main groups: (i) gender differences in paid employment, (ii) women's work in the unpaid care economy, (iii) gender differences in consumption expenditure, and (iv) gender differences in property rights and asset ownership."

41 "The composition of revenue taxation across different tax types can also have an impact on gender equality, particularly on a dynamic basis. This occurs via the differing impacts of various types of taxes on equity and the economic incentives provided

Alguns resultados importantes apresentados no relatório merecem destaque: a maioria dos países entrevistados já realizou reformas tributárias para mitigar vieses de gênero na tributação, especialmente no imposto de renda, incluindo Estados latino-americanos, como Argentina, Uruguai e México (OECD, 2022). Outro objeto de reformas ao redor do mundo se deu sobre produtos sanitários, que são de consumo predominante ou exclusivo feminino, como será abordado no capítulo 6, e foram empreendidas reformas tributárias em diversos países para reduzir ou isentar impostos sobre produtos sanitários femininos:

> A África do Sul informou que o VAT/GST tem um viés explícito, como a alíquota zero de produtos sanitários. Outros países também têm tratamento preferencial para produtos sanitários. O Reino Unido anunciou que aplicará uma alíquota zero aos produtos de higiene feminina a partir de 1° de janeiro de 2021 (OCDE, 2020[40]). Além disso, o governo federal da Bélgica adotou um decreto real em 10 de dezembro de 2017, introduzindo uma alíquota reduzida para produtos sanitários. No Quênia, uma isenção fiscal foi aplicada a produtos sanitários em 2004, e em 2019 o Quênia foi o primeiro país do mundo a criar uma política nacional de Gestão de Higiene Menstrual (Ministério da Saúde, 2019[41]) para fornecer a mulheres, meninas, homens e meninos informações sobre menstruação. A Islândia também forneceu, para produtos menstruais, uma alíquota de IVA reduzida de 11% em relação à taxa normal de 24% (consulte a seção Prioridades para política fiscal e igualdade de gênero). Da mesma forma, a partir de 1° de janeiro de 2022, uma alíquota zero para esses produtos se aplica no México para promover a igualdade de gênero (OECD, 2022, p. 21, tradução nossa)[42].

---

to different taxpayers. The progressivity of the overall tax mix can reduce the tax burden on the lowest-paid, benefiting women. By contrast, low levels of taxes on capital income or on capital, or high levels of tax on consumption, can have the opposite impact. For example, (Gunnarsson, Spangenberg and Schratzenstaller, 2017[8]) note that changes in the EU since 1995 have likely shifted the tax burden in the EU towards women, given the long-term trends observed on the reduction in progressivity of personal income and wealth taxes, the decreasing tax rates on capital and corporate income, the increasing tax burden on labour incomes particularly in the low and middle income groups, as well as the higher use of consumption taxes in the tax mix."

42 "South Africa reported that VAT/GST has explicit bias such as the zero-rating of sanitary products. Other countries also have preferential treatment for sanitary products. The United Kingdom announced that it will apply a zero-rate to feminine hygiene products as of 1 January 2021 (OECD, 2020[40]). In addition, Belgium's federal government adopted a royal decree on 10 December 2017 introducing a reduced rate for sanitary products. In Kenya, a tax exemption was applied to sanitary products in 2004 and in 2019 Kenya was the first country in the world to create a national Menstrual Hygiene Management policy (Ministry of Health, 2019[41]) in

Outra contribuição primordial do trabalho foi agrupar e examinar os possíveis vieses implícitos identificados pelos países em seus sistemas tributários. O relatório organizou em cinco tipos de vieses implícitos (OECD, 2022, p. 24-25), que serão aqui analisados de acordo com o contexto tributário brasileiro:

i. Vieses implícitos devido à diferença nos níveis de renda entre homens e mulheres

Em todo o mundo, a média de renda dos homens é maior que a das mulheres; assim, se a tributação da renda sobrecarregar pessoas de baixa renda ou não for suficientemente progressiva, ela terá um viés contra as mulheres. Do mesmo modo, se a tributação indireta tiver uma carga maior sobre indivíduos com baixa renda disponível, há o risco de ela prejudicar as mulheres (OECD, 2022, p. 24).

Apesar de o Brasil não ter respondido que identificou esse viés em seu sistema tributário, essa circunstância é exatamente o que ocorre aqui: a regressividade da carga tributária total é um fator que prejudica pessoas de baixa renda, que são em sua maioria mulheres negras, como será demonstrado no capítulo 3.

De maneira oposta, um sistema tributário progressivo, com devolução de créditos fiscais para pessoas de baixa renda, pode contribuir para a redução da desigualdade de gênero (OECD, 2022, p. 24).

ii. Vieses implícitos causados pela diferença na natureza da renda entre homens e mulheres

Em todo o mundo, homens auferem mais rendimento de capital do que as mulheres, assim, a tributação preferencial cria um viés de parcialidade em favor dos homens e em prejuízo das mulheres, como observado por Argentina, Áustria, Finlândia Noruega, Suécia e Reino Unido (OECD, 2022, p. 25).

Novamente, apesar de o Brasil não ter respondido no questionário que essa situação é observada aqui, esse viés também é evidente: a isen-

---

order to provide women, girls, men and boys with information on menstruation. Iceland also provided, for menstrual products, a reduced VAT rate of 11% relative to the standard rate of 24% (see the Priorities for tax policy and gender equality section). Similarly, from 1 January 2022 a zero rate for these products applies in Mexico to promote gender equality."

ção de tributação sobre lucros e dividendos beneficia pessoas de alta renda, que são em sua maioria homens brancos, como demonstram os dados do capítulo 3. Assim, esse viés também é encontrado no sistema tributário brasileiro, como já apontado por Danielle Ambrosano (2021), Isabelle Rocha (2020) e Maria Angélica dos Santos (2022)[43].

iii. Vieses implícitos devido ao modelo de declaração no imposto de renda

Apesar de diversas reformas tributárias no mundo já terem sido empreendidas para alterar o modelo de declaração conjunta no IRPF, ainda existem países que mantêm como modelo obrigatório a declaração conjunta. Ademais, alguns países identificaram que, mesmo quando há o modelo de declaração individual, algumas isenções e créditos fiscais são concebidas para a família, assim, elas costumam ser mais lucrativas quando se aplicam à renda mais alta, o que pode ser prejudicial às mulheres, pois em geral elas ganham menos que os homens (OECD, 2022, p. 25).

À primeira vista, esse viés não é encontrado no sistema tributário brasileiro, já que existe a possibilidade de declaração tanto individual quanto conjunta, e o modelo de declaração de pensão alimentícia no imposto de renda que prejudicava as mulheres foi declarado inconstitucional pelo STF, como comentado na seção 2.1.2. Todavia, o relatório *Reforma tributária e desigualdade de gênero* (PISCITELLI *et al.*, 2020), do Grupo de Estudos de Tributação e Gênero da FGV SP, apresenta propostas para que o IRPF, em uma perspectiva extrafiscal, contribua para a redução da desigualdade de gênero.

iv. Vieses implícitos decorrentes da diferença entre padrões de consumo entre homens e mulheres

O relatório afirma que produtos essenciais, como alimentos, medicamentos e serviços educacionais, beneficiam-se de uma alíquota preferencial nos impostos sobre consumo, o que poderia trazer um viés devido aos diferentes perfis de consumo entre os sexos, como observado pelo Brasil e pelo México (OECD, 2022, p. 26). Todavia, como também

---

43 Nesse sentido, declara Maria Angélica dos Santos (2022, p. 65): "[...] o estabelecimento de políticas de isenção de tributação sobre lucros e dividendos repartidos entre sócios e acionistas, bem como a implementação da dedução sobre capital próprio, reforçam o caráter regressivo da tributação e o empenho em se desonerar os grupos que mais poderiam contribuir, fazendo recair o peso da carga tributária sobre aqueles que já estão fortemente oprimidos por outros marcadores".

aponta o relatório, "[...] os padrões de consumo individual não são necessariamente representativos do impacto de gênero dos impostos sobre o consumo, pois o indivíduo pode estar comprando bens em nome da família"[44] (OECD, 2022, p. 26, tradução nossa).

Acerca desse ponto, há duas considerações a se fazer. A primeira é que a CRFB/88 decreta o princípio da seletividade como instrumento de justiça tributária, conforme arts. 153, § 3º, I, e 155, § 2º, III. Para Misabel Derzi (1989, p. 155), na tributação indireta, a capacidade econômica deve ser buscada "não na produção, mas no consumo, ou seja, na manifestação de riqueza demonstrada com a aquisição do produto", valendo-se o Estado assim da seletividade para isentar ou pouco tributar produtos de primeira necessidade de um lado, e elevar as alíquotas sobre produtos supérfluos, de outro. Desse modo, a baixa tributação sobre alimentos e medicamentos nada mais é que o cumprimento da justiça tributária preconizada pela CRFB/88. Esse tema será aprofundado no capítulo 6.

A segunda consideração é que o próprio relatório aponta que essas diferenças de consumo entre homens e mulheres podem ocorrer, na verdade, devido a padrões de compra intrafamiliares. De todo modo, é preciso de antemão afirmar que uma baixa tributação sobre bens e alimentos, por exemplo, não pode, de forma nenhuma, ser considerada um privilégio tributário para mulheres. A responsabilidade pela manutenção da vida e pelo cuidado não pode ser naturalizada como uma obrigação das mulheres.

V. Vieses implícitos decorrentes da diferença de papéis sociais entre homens e mulheres

O quinto e último ponto de análise refere-se ao trabalho de cuidado. Segundo o relatório, mulheres tendem a se envolver mais no cuidado infantil que homens e podem ter mais acesso a benefícios fiscais sobre custos relativos a creches e outros gastos infantis (OECD, 2022, p. 26). Essa questão também será tratada nos capítulos subsequentes, mas novamente é preciso indagar se esses supostos vieses implícitos que beneficiariam as mulheres pelos seus gastos em cuidado devem ser encarados da mesma maneira que, por exemplo, o benefício que homens têm em sistemas tributários que não taxam lucros e dividendos.

---

44 "[...] individual consumption patterns are not necessarily representative of the gender impact of consumption taxes, as the individual may be purchasing goods on behalf of the family."

No caso das despesas com creches e outros custos infantis, por exemplo, as mulheres estão despendendo sua renda com o cuidado de crianças, despesa que deveria ser repartida entre os responsáveis ou, preferencialmente, deveria ser um serviço fornecido pelo Estado e garantido a todas as crianças, visto que educação é um direito social assegurado constitucionalmente. Por isso, se as mulheres gastam mais com crianças, enfermos e idosos, mesmo que sofram com incidência tributária total semelhante à dos homens e que gastem mais com acúmulo de bens, como será visto no capítulo 5, essa suposta igualdade mascara uma injustiça que fere qualquer concepção de justiça. Todavia, o que será demonstrado no capítulo 6 é que os produtos ligados ao cuidado contam com alíquotas iguais ou superiores às de bens supérfluos, à revelia da justiça tributária preconizada pela CRFB/88.

Por fim, o último tópico do relatório que será analisado aqui é a proposta da OCDE de complementar o escopo metodológico de Stotsky. O Quadro 1 foi traduzido na íntegra.

Quadro 1 – Proposta de tipologia expandida de vieses explícitos e implícitos

	Explícito	Implícito
Aumenta o preconceito de gênero	Disposições no código tributário, ou nos requisitos formais de administração, que fazem referência explícita ao gênero, e que agravam os preconceitos de gênero presentes na sociedade. Por exemplo: alíquotas de imposto mais baixas para homens casados, créditos fiscais disponíveis para homens, mulheres que não têm acesso às suas informações fiscais. Resposta política: **Remover**	Configurações tributárias neutras em termos de gênero, mas que interagem com as diferentes realidades econômicas e sociais de homens e mulheres de forma a agravar os preconceitos de gênero presentes na sociedade. Por exemplo: alíquotas de imposto mais altas sobre os segundos assalariados, tributação informal ou alíquotas sobre serviços mais usados por mulheres, alíquotas baixas de tributação sobre renda de capital ou riqueza. Resposta política: **Reconsiderar**
Reduz o preconceito de gênero	Disposições no código tributário, ou nos requisitos formais de administração, que fazem referência explícita ao gênero, mas que reduzem os preconceitos de gênero presentes na sociedade. Por exemplo: alíquotas mais baixas de imposto sobre propriedade ou herança para mulheres, créditos fiscais para mães que trabalham. Resposta política: **Avaliar**	Configurações tributárias neutras em termos de gênero e que interagem com as diferentes realidades econômicas e sociais de homens e mulheres de forma a reduzir os preconceitos de gênero presentes na sociedade. Por exemplo: melhorar a progressividade do sistema tributário, reduzir os desincentivos ao trabalho dos trabalhadores com baixos rendimentos, alargar as bases tributáveis aos rendimentos do capital. Resposta política: **Promover**

Fonte: OECD (2022, p. 40, tradução nossa).

Essa proposta organiza e complementa a metodologia de Stotsky (1996) para examinar os sistemas tributários e propõe um modelo para analisar os vieses de gênero de modo a fomentar que sistemas tributários removam vieses negativos e promovam vieses "positivos" que reduzam desigualdades de gênero.

Em síntese, o relatório da OECD (2022) consolida a importância de se investigar os impactos da tributação para as mulheres, reafirmando que se trata de uma questão de justiça, de promoção da igualdade e de desenvolvimento econômico. O trabalho corrobora a literatura estudada de que a tributação não é neutra e tem impactos específicos sobre as mulheres. Além disso, a pesquisa reafirma que a baixa tributação sobre renda, patrimônio e capital em oposição à alta tributação sobre trabalho e consumo onera mais as mulheres que os homens e se constitui em um viés de gênero na tributação.

A análise do relatório demonstra que o Brasil vai na contramão dos países pesquisados, visto que a maioria dos Estados, inclusive da América Latina, já empreendeu reformas para reduzir vieses de gênero na tributação, dentre elas a redução ou a isenção da tributação sobre produtos de higiene menstrual.

Por fim, o relatório da OECD (2022) tem uma contribuição essencial ao campo de pesquisa de tributação e gênero ao sistematizar vieses implícitos em cinco formas, o que pode ser uma importante ferramenta metodológica de análise dos sistemas tributários, inclusive do brasileiro.

2.3.2. TRIBUTAÇÃO E GÊNERO PARA A REALIDADE DO SUL GLOBAL E NA LITERATURA BRASILEIRA

Como demonstrado na seção anterior, inicialmente as pesquisas internacionais e as primeiras reformas tributárias com perspectiva de gênero ocorreram sobre o imposto de renda de pessoa física, tanto pela relevância desse imposto nos sistemas tributários do Norte Global quanto pelas discriminações explícitas e implícitas serem mais facilmente identificadas em um imposto pessoal.

Na última década, entretanto, alguns trabalhos têm chamado atenção sobre como a perspectiva do Sul Global é distinta, visto que a tributação indireta tem maior relevância nos sistemas tributários e, por conseguinte, um peso maior na vida das mulheres. Tal fato é apontado no relatório do ICTD:

> Há alguma literatura sobre gênero e tributação em geral, mas muito pouco sobre os países em desenvolvimento. A literatura é motivada por uma observação de que as estruturas tributárias não são neutras, e muitas vezes são tendenciosas contra os interesses das mulheres. No entanto, no geral, os vieses mais comumente encontrados nos países ricos, que se relacionam com o imposto de renda pessoal, não são muito significativos nos países em desenvolvimento porque um número muito reduzido de pessoas, particularmente as mulheres, pagam impostos sobre a renda pessoal (JOSHI, 2017, p. 1, tradução nossa)[45].

De forma semelhante, Kathleen Lahey (2018), em relatório para a UN Women, aponta que uma característica dos sistemas tributários de países de baixa e média renda é a dependência dos impostos sobre consumo, visto que esses tributos geram muito mais receita que os impostos sobre a renda e que, desse modo, é preciso investigar a relação entre a tributação indireta e o seu impacto sobre as mulheres no Sul Global. Nesse sentido, a autora elenca diversos fatores como a regressividade tributária, a alta tributação sobre consumo, a tributação sobre produtos de higiene pessoal, entre outros, como prejudiciais às mulheres.

Em ambos os relatórios, a UN Women e o ICTD destacam que, devido aos papéis sociais impostos às mulheres, relativos ao trabalho de cuidado de crianças, enfermos, idosos e aos demais trabalhos não remunerados realizados em âmbito doméstico, elas são especialmente afetadas pela regressividade e pela alteração de preços. Além disso, a responsabilização pelo cuidado faz com que elas gastem mais de sua renda em itens de primeira necessidade, ligados à reprodução social.

Contemporaneamente aos debates internacionais, Misabel Derzi, precursora dos estudos em tributação e gênero no Brasil, aponta, desde o final da década de 1980, a necessidade de investigar a relação entre tributação e autonomia da mulher[46]. A jurista aborda a relação entre tributação e gênero em três temáticas: tributação da renda, direito pre-

---

45 "There is some literature on gender and taxation in general, but very little on developing countries. The literature is motivated by an observation that tax structures are not neutral, and are often biased against the interests of women. However, overall, the biases most commonly found in rich countries, which relate to personal income taxes, are not very significant in developing countries because so few people, particularly women, pay personal income taxes."

46 Para revisão bibliográfica da obra de Misabel Derzi sobre tributação e gênero, ver Piscitelli e Menezes (2021).

videnciário e regressividade do sistema tributário nacional (PISCITEL-LI; MENEZES, 2021).

Sintetizando as críticas advindas dessas reformas jurídicas e doutrinárias na década de 1980 na Europa e nos Estados Unidos, Derzi (1995, p. 146) reforça a necessidade de neutralidade estatal diante do modelo ideal de casamento, "não podendo a lei assumir o papel pedagógico de reconduzir a mulher ao trabalho doméstico, por meio de tributações mais agressivas a segunda renda familiar (em geral à da mãe de família)". A autora também defende a necessidade de os direitos tributário e previdenciário reconhecerem e valorizarem o trabalho não remunerado desempenhado pelas mulheres dentro lar, trazendo como exemplos o modelo de *splitting* na tributação da renda e o modelo de Compensação de Amparo (CA) para fins de aposentadoria, ambos inaugurados no ordenamento jurídico alemão e exportados a outros países do Norte Global[47].

Acerca da relação entre regressividade tributária e desigualdade de gênero, Derzi (2014) discorre sobre o programa de transferência de renda brasileiro Bolsa Família[48], apontando que são justamente os beneficiários dessa política que acabam por custear o programa:

> O sistema tributário brasileiro é regressivo e exatamente aqueles cidadãos dotados de mais baixa renda suportam-lhe injustamente a carga. Se a Constituição determina que os tributos sejam graduados de acordo com a capacidade econômica de cada um, é direito daqueles que pagam os impostos, sem qualquer disponibilidade econômica para isso, obter a devolução do montante injustamente transferido aos cofres públicos. Esse deveria ser o marco a adotar como parâmetro. Esse deveria ser o limite a respeitar em que, abaixo dele, a assistência social do programa Bolsa Família seria irreversível (DERZI, 2014, p. 49).

O Programa Bolsa Família (PBF) foi reconhecido como o maior programa de transferência de renda do mundo[49] e, como apontado por

---

47 Ver as notas atualizadoras de Derzi no Capítulo XVI Critério pessoal, Proteção da Família, Graduação e Capacidade Econômica (p. 1152 - 1240) da obra BALEEIRO, Aliomar; DERZI, Misabel de Abreu Machado (atualizadora). Limitações Constitucionais ao Poder de Tributar. 8. ed. Rio de Janeiro: Forense, 2010.

48 Lei nº 10.836, de 9 de janeiro de 2004.

49 Em número absoluto de pessoas assistidas. Disponível em: https://repositorio.ipea.gov.br/bitstream/11058/8124/1 /BAPI_n13_Programa.pdf. Acesso em: 17 fev. 2023.

Derzi, tem enorme contribuição ao priorizar a titularidade do programa para as mulheres. O PBF tem como consequência a ampliação da autonomia individual das mulheres, a superação da miséria e do controle patriarcal dos maridos[50]. Todavia, na medida em que os recursos para financiamento do programa Bolsa Família vêm de um sistema tributário regressivo e que o próprio benefício será gasto quase integralmente em compras para subsistência, as assistidas devolvem em tributos para o Estado mais da metade do benefício recebido (DERZI, 2014, p. 50-51). É sobre a relação entre regressividade e gênero que discorre o Capítulo 2.

Há de se destacar também o artigo de Lena Lavinas e Sulamis Dain, publicado em 2005, denunciando que, nas discussões de reforma tributária, a discussão sobre gênero não ganha relevância, "como se o campo em prol de uma maior igualdade entre os sexos não alcançasse questões de âmbito distributivo associadas à incidência tributária" (LAVINAS; DAIN, 2005, p. 2). As autoras apresentam recomendações nos planos tributário e fiscal para garantir a justiça distributiva e a igualdade de gênero, propostas essas que continuam atuais e podem enriquecer as atuais discussões sobre reforma tributária, entre elas:

> 7. Tratamento tributário diferenciado e favorecido para as mulheres chefes de família que serão beneficiadas com dedução adicional da renda bruta.
> 8. Dedução das despesas referentes a gastos com creches e pré-escola, sem discriminação de sexo do declarante, no limite de renda a ser definido.
> 9. Incentivos tributários adicionais do FPM e do ICMS aos governos locais por investimentos em infraestrutura, adequados à demanda por equipamentos como creche, pré-escola, e centros de convivência para idosos.
> 10. Dotação de um adicional do FUNDEF, a ser alocado aos municípios com projetos de investimento em andamento na ampliação das vagas de pré-escolas e escolas em tempo integral, com critérios de rateio que levem em conta a cobertura universal e a carência prévia de infraestrutura associados à possibilidade de prestação destes serviços.
> 11. Desoneração pelo ICMS de ampla lista de produtos e serviços indispensáveis à elevação do bem-estar das camadas de menor renda (LAVINAS; DAIN, 2005, p. 5).

---

50 Derzi cita o estudo de Rego e Pinzani de 2013: "[...] a libertação da ditadura da miséria e do controle masculino familiar amplo sobre seus destinos permite às mulheres um mínimo de programação da própria vida e, nesta medida, possibilita-lhes o começo da autonomização de sua vida moral. O último elemento é fundante da cidadania, se esta for compreendida como condição indispensável de autonomização política dos sujeitos" (REGO e PINZANI, 2013, p. 195, *apud* DERZI, 2014, p. 51).

Outro artigo inovador na literatura brasileira foi o de Evilasio Salvador e Silvia Yannoulas (2013)sistematiza os achados de pesquisa quanto a e equidade de sexo/gênero e raça/etnia. Em um segundo momento, o texto apresenta dados inéditos sobre o financiamento tributário do orçamentário público com recorte de gênero e raça, demonstrando que o maior peso mulheres, principalmente as negras. A terceira seção enfatiza o orçamento público como uma escolha política do Estado e apresenta os Programas Selecionados (Raça, e Gênero, visto que foi o primeiro a analisar a tributação e o orçamento sob a perspectiva de gênero e raça. Os autores foram os precursores em denunciar que as mulheres negras é quem são as mais afetadas pelo sistema tributário regressivo:

> Como a carga tributária brasileira é regressiva, pois mais da metade dela incide sobre o consumo, isto é, está embutida nos preços dos bens e serviços, a consequência é que as pessoas com menor renda (por exemplo, as mulheres negras) pagam proporcionalmente mais tributos que aquelas com renda mais elevada. Com isto, pode-se concluir que a regressividade do sistema tributário, ou seja, o financiamento das políticas públicas brasileiras quanto ao peso dos tributos recai sobre as mulheres e os/as negros/as. Os dados indicam, particularmente, que as mulheres negras pagam, proporcionalmente, em relação aos seus rendimentos, muito mais impostos que os homens brancos (SALVADOR; YANNOULAS, 2013, p. 15).

Nos últimos anos, a produção brasileira no campo de pesquisa de tributação e gênero vem crescendo, especialmente a partir dos primeiros trabalhos de pós-graduação específicos sobre o tema. Destacam-se alguns deles, que já foram aqui citados: as pesquisas de mestrado de Isabelle Rocha (2020), sobre vieses de gênero no IRPF, e de Danielle Ambrosano (2021), que aponta como as escolhas tributárias de isentar lucros e dividendo, pouco tributar herança e renda beneficiam o topo da pirâmide de renda, composta majoritariamente de homens brancos, demonstrando que o sistema tributário, no geral, possui vieses implícitos contra as mulheres. Ainda, há a recente tese de Thiago Feital (2022), que tem contribuição fundamental ao debate ao argumentar por uma igualdade de gênero tributária, que compreende as dimensões formal, substantiva e transformativa, e vinculam a ação do legislador brasileiro. Por fim, também merece destaque o relatório *Reforma tributária e gênero* (2020), elaborado pelo primeiro grupo de pesquisa de tributação e gênero do Brasil[51].

---

51 Para conferir a produção acadêmica do grupo, ver: https://direitosp.fgv.br/linha-de-pesquisa/tributacao-genero. Acesso em: 17 fev. 2023.

2.4. CONSIDERAÇÕES FINAIS

O objetivo deste capítulo foi investigar as contribuições dos trabalhos selecionados no campo de pesquisa de tributação e gênero. A literatura analisada foi uníssona em afirmar que a tributação não é neutra e tem vieses explícitos e implícitos que prejudicam as mulheres. Entre os vieses implícitos elencados estão a regressividade, a baixa tributação sobre renda, patrimônio e capital em oposição à alta tributação sobre trabalho e consumo, e o aumento da tributação sobre produtos de primeira necessidade. Apesar de alguns desses trabalhos terem sido publicados há mais de trinta anos, seus resultados continuam atuais, na medida em que os vieses de gênero apontados persistem nos sistemas tributários.

CAPÍTULO 3

REGRESSIVIDADE TRIBUTÁRIA E AS DESIGUALDADES DE GÊNERO, RAÇA E CLASSE[52]

Como abordado no capítulo 2, diversas pesquisas e relatórios apontam para a importância de se investigar a relação entre a tributação indireta e os vieses gênero nos países do Sul Global, devido ao maior peso dos tributos indiretos na arrecadação estatal.

A título de exemplo, apenas cerca de 13% das mulheres adultas auferiram renda suficiente para serem alcançadas pelo imposto de renda no Brasil[53]. Isso significa que, além de discutir os vieses de discriminação de gênero no IRPF, especialmente por serem fatores de impacto na autonomia da mulher dentro da família, é fundamental empreender esforços em pesquisas para investigar os vieses que estão obscurecidos no dia a dia das mulheres: os vieses na tributação indireta.

O ordenamento jurídico constitucional brasileiro tem como objetivo a redução das desigualdades sociais e o fim da discriminação por gênero e raça; todavia, sua matriz tributária é regressiva e afeta de forma diferente homens e mulheres, pessoas brancas e negras. Os

---

52 Este capítulo foi adaptado e publicado em: MENEZES, Luiza Machado de O. Gênero, raça e classe na tributação: por uma análise interseccional das desigualdades. *In*: OLIVEIRA, Daniela Olimpio de; GOMES, Pryscilla Régia de Oliveira (org.). *Tributação e sociedade*: sob perspectiva de mulheres tributaristas. São Paulo: Dialética, 2023. p. 179-196.

53 Apenas a título de exemplo, segundo a Receita Federal do Brasil, 13,7 milhões de mulheres declararam Imposto de Renda no ano-calendário 2020, e, de acordo com o IBGE, a população feminina com idade igual ou superior a 18 anos em 2020 era de 98,5 milhões de mulheres (PNAD Contínua, IBGE). Disponível em: https://www.gov.br/receitafederal.Tamb/pt-br/centrais-de-conteudo/publicacoes/estudos/imposto-de-renda/estudos-por-ano/gn-irpf-2021-2020.pdf/view. Acesso em: 17 fev. 2023.

estudos tributários, em geral, não abordam o caráter de gênero e raça em suas análises sobre as desigualdades, o que leva ao encobrimento de quem realmente é mais onerado pela tributação regressiva: as mulheres negras.

Esse silenciamento de que são as mulheres negras as mais prejudicadas pela regressividade leva à falta de respostas adequadas para o problema estrutural e multissetorial da desigualdade no Brasil. Desse modo, gênero, raça e classe devem ser entendidos como categorias inseparáveis, que se interseccionam, estruturam e posicionam indivíduos na pirâmide social brasileira. A interseccionalidade, portanto, como ferramenta analítica, pode contribuir para que os estudos tributários e fiscais vejam as desigualdades sociais brasileiras sob um novo olhar[54].

Este capítulo será dividido em cinco seções, além desta introdução: na seção 3.1, serão abordados os dispositivos constitucionais que abarcam a igualdade de gênero e a igualdade racial; na seção 3.2, serão apresentados os dados mais recentes sobre as desigualdades de renda no Brasil que consideram, simultaneamente, gênero e raça; na seção 3.3, será examinado outro recente estudo sobre a regressividade tributária; já a seção 3.4 investigará como a interseccionalidade pode ser um instrumento indispensável aos estudos tributários; por fim, na seção 3.5, haverá a síntese do capítulo, com a análise de quem são os mais afetados pela regressividade. Com isso, pretende-se apresentar os elementos normativos e os dados empíricos que justificam olhar para o sistema tributário sob a perspectiva de gênero e raça.

3.1. A CONSTITUIÇÃO DE 1988 E AS LUTAS POR IGUALDADE DE GÊNERO E RAÇA

A CRFB/88 foi um marco na institucionalização dos direitos humanos no país, sendo o documento mais abrangente sobre direitos e garantias fundamentais já adotado. Desde o preâmbulo, a Carta de 1988 institui o Estado Democrático de Direito, que tem por objetivo "assegurar o

---

54 A interseccionalidade é utilizada nesta pesquisa como uma lente interpretativa e não como uma teoria feminista a embasar este trabalho. Ressaltam-se as críticas de feministas marxistas de que falta à interseccionalidade, como teoria feminista, uma teoria sobre o capitalismo e sua intersecção entre as várias formas de opressão (ARRUZZA; BHATTACHARYA, 2020, p. 65).

exercício dos direitos sociais e individuais, a liberdade, a segurança, o bem-estar, o desenvolvimento, a igualdade e a justiça como valores supremos de uma sociedade fraterna, pluralista e sem preconceitos" (BRASIL, 1988). Pela primeira vez no ordenamento brasileiro, uma Constituição iniciou seu texto com os capítulos dedicados aos princípios fundamentais e aos direitos e às garantias dos cidadãos para, só depois, tratar do Estado e do exercício de seus poderes.

A CRFB/88 garantiu como fundamento da República a dignidade da pessoa humana (art. 1º, III) e dispôs como objetivo do Estado a erradicação da pobreza e da marginalização, a redução das desigualdades sociais (art. 3º, III) e a promoção do bem de todos, "sem preconceitos de origem, raça, sexo, cor, idade e quaisquer outras formas de discriminação" (art. 3º, IV) (BRASIL, 1988). Além disso, os direitos e as garantias fundamentais dispostos no texto constitucional não foram versados como um horizonte abstrato, mas como normas de aplicação imediata (art. 5º, § 1º), e foram cristalizados como cláusulas pétreas (art. 60, § 4º, IV). O Estado Democrático de Direito elegido pela Constituição de 1988 não é mera concepção formal, mas um guia para atingir uma concepção de justiça, com "metas a alcançar e os meios materiais utilizáveis" (DERZI, 1989, p. 156).

A CRFB/88 também foi referência na efetivação dos direitos femininos, fruto da luta política das mulheres e da organização dos movimentos feministas[55]. Sob o aspecto da igualdade de gênero, evidenciam-se aqui os dispositivos constitucionais que garantiram: a igualdade entre

---

55 É essencial sabermos a história por trás desses dispositivos e como eles foram resultado de intensa luta e organização de milhares de mulheres em todo o País. Segundo Jacqueline Pitanguy (2018), presidenta do Conselho Nacional de Direitos das Mulheres (CNDM) durante a Constituinte, o chamado "Lobby do Batom" (inicialmente adjetivo pejorativo dado pelos constituintes homens às mulheres que percorriam os corredores do Congresso Nacional, e posteriormente apropriado pelas próprias feministas) foi o movimento de pressão de grupos feministas, normalmente acompanhados das mulheres do CNDM, que, mobilizando diversas categorias de todo o Brasil, como trabalhadoras rurais, domésticas, mulheres negras, acadêmicas, sindicalistas, pressionou para que uma agenda de direitos das mulheres alcançasse a Constituição. O resultado foram as campanhas "Constituinte Para Valer tem que ter Palavra de Mulher", "Constituinte para Valer tem que ter Direitos da Mulher" e o documento "Carta das Mulheres Brasileiras aos Constituintes". Pitanguy (2018) declara que cerca de 80% das demandas da Carta foram incorporadas à Constituição ou às legislações infraconstitucionais nos anos seguintes.

homens e mulheres (art. 5º, I) especificamente no âmbito da família (art. 226, § 5º), o reconhecimento da união estável como entidade familiar, a proibição da discriminação no mercado de trabalho por motivo de sexo ou estado civil (art. 7º, XXX), a proteção especial da mulher no mercado de trabalho (art. 7º , XX, "e"), o planejamento familiar como uma livre decisão do casal (art. 226, § 7º) e o dever do Estado de coibir a violência no âmbito das relações familiares (art. 226, § 8º).

Segundo Luciana Jaccoud *et al.* (2009), a CRFB/88 também apresentou grandes avanços em relação aos direitos da população negra, sendo inédita ao reconhecer a existência do racismo e do preconceito racial na sociedade brasileira. Assim como os direitos das mulheres inscritos na Constituição, a garantia de direitos das pessoas negras na CRFB/88 também foi fruto de intensas lutas políticas e da organização dos movimentos negros, que historicamente propunham na agenda política a necessidade de o Estado não apenas combater o racismo, mas também ter a obrigação de promover políticas de igualdade racial (JACCOUD *et al.*, 2009).

O texto constitucional de 1988 tornou o racismo um crime inafiançável e imprescritível (art. 5º), reconheceu territórios quilombolas como bens culturais nacionais (art. 216), afirmou a diversidade cultural como um patrimônio comum a ser valorizado e preservado (arts. 215 e 216), proibiu a diferença salarial ou admissão por motivos de cor (art. 7º, XXX) e garantiu uma educação sem preconceitos (art. 227).

Conforme abordado, não há dúvida de que a CRFB/88 assegura a igualdade e veda toda forma de discriminação de gênero e raça. Na próxima seção, se investigará em que o texto constitucional contrasta com a realidade social.

3.2. A COR E O GÊNERO DA DESIGUALDADE NO BRASIL

O objetivo desta seção é demonstrar que a desigualdade social não é um problema que se aplica uniformemente à população brasileira. Como nos ensinam Patricia Hill Collins e Sirma Bilge (2021), em vez de analisar as classes sociais, em especial os que vivem em situação de pobreza, como uma massa homogênea e indiferenciada de indivíduos, é preciso investigar como a pobreza e a desigualdade afetam, em maior medida, pessoas negras, mulheres, crianças e a população trans, por exemplo.

A dificuldade em fazer essas análises vem, em grande medida, da ausência de publicações que examinem as desigualdades brasileiras com os dados interseccionados simultaneamente por gênero e raça. É preciso ressaltar que muitos dos dados primários já estão disponíveis, publicados pelo IBGE, advindos de suas pesquisas, como a Pesquisa Nacional por Amostra de Domicílios (PNAD) e a POF – a exceção é o Censo Demográfico[56]. Todavia, há uma escassez de relatórios que sintetizem os indicadores sociais simultaneamente por gênero e raça.

A série "Retrato das Desigualdades de Gênero e Raça"[57], do Ipea, criada em 2004, foi possivelmente o único trabalho contínuo a elaborar estudos interseccionados simultaneamente por gênero e raça sobre população, acesso à educação, saúde, escolaridade, remuneração, trabalho doméstico, entre outros temas. Contudo, o Ipea parou de publicar a série em 2015. Depois disso, alguns relatórios do IBGE, como a "Síntese dos Indicadores Sociais" (2021), trouxeram alguns dados destrinchados por gênero (mulheres *versus* homens) e raça (pessoas brancas *versus* pessoas negras), mas nesses estudos são poucas as tabelas e os gráficos interseccionados por gênero e raça. Inclusive, o IBGE faz publicações em separado para as questões: há a publicação "Estatísticas de Gênero – Indicadores sociais das mulheres no Brasil" (2021) e há a publicação "Desigualdades sociais por cor ou raça no Brasil" (2019).

Em dezembro de 2021, o Made/USP apresentou em sua Nota de Política Econômica n. 18 (BOTTEGA *et al.*, 2021) um estudo sobre a desigualdade de renda[58] no Brasil com os dados específicos sobre a renda

---

56 O Censo Demográfico, que acontece a cada dez anos, é a mais importante pesquisa do País e uma fonte essencial de dados para as ciências sociais e para as políticas públicas em geral, sendo o retrato mais preciso da realidade brasileira, de suas desigualdades, das condições de vida da população, da insegurança alimentar, de moradia ou saúde. O Censo não ocorreu em 2020 devido à pandemia de covid-19, e não ocorreu em 2021 diante do corte de 96% do orçamento do IBGE, que ficou conhecido como "apagão de dados no País". Para mais informações sobre a importância do Censo Demográfico e o apagão de dados da ciência brasileira, ver: https://www.brasildefato.com.br /2021/04/12/apagao-de-dados-sem-o-censo-nos-estaremos-navegando-no-escuro-diz-pesquisadora. Acesso em: 18 maio 2022.

57 Disponível em: https://www.ipea.gov.br/retrato/. Acesso em: 14 maio 2022.

58 O estudo do Made/USP apura a renda média dos indivíduos. Outras pesquisas que analisam salário para mesmo cargo ou escolaridade demonstram que quanto

de homens brancos, homens negros, mulheres brancas e mulheres negras. Esse é o primeiro estudo sobre a renda com olhar interseccional desde o fim da série "Retrato das Desigualdades de Gênero e Raça", do Ipea, em 2015. Com o objetivo de tornar mais visível a forma com que classe, raça e gênero se interseccionam, serão reproduzidos aqui alguns dos gráficos desse estudo.

Observa-se na Figura 1 que a população brasileira é constituída da seguinte forma: 26% são mulheres negras; 27%, homens negros; 23%, mulheres brancas; e 22%, homens brancos. Todavia, quando a população é agrupada em dez estratos de renda, percebe-se que essas proporções de alteram: dentre os 10% mais pobres, 42% são mulheres negras; 28%, homens negros; 19%, mulheres brancas; e 11%, homens brancos. Ou seja, no decil mais pobre, há uma sobrerrepresentação de mulheres negras e uma sub-representação de homens brancos.

Figura 1 – Composição demográfica da população total e de cada décimo de renda

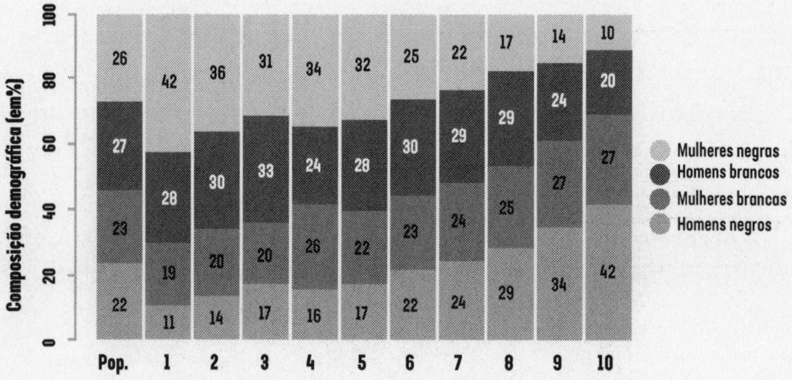

Fonte: Bottega *et al.* (2021, p. 7).

Todavia, quando analisamos o 0,1% mais rico da população brasileira, conforme a Figura 2, a discrepância racial e de gênero torna-se ainda maior: quase 70% são homens brancos. As mulheres brancas, que eram sobrerrepresentadas entre os 10% mais ricos (27%), passaram a ser sub-representadas entre os 0,1% mais abastados (15%), mas ainda

---

maior exigência do emprego, maior é a disparidade de gênero e, depois, a disparidade racial (Fontoura, 2017). Isso pode indicar uma relação com a o trabalho não remunerado de cuidado que sobrecarrega as mulheres brancas e negras em comparação com os homens. Esse tema será investigado no capítulo 4.

seguindo em maior número que homens negros (10%), e mais que o dobro que mulheres negras (6%):

Figura 2 – Composição demográfica da população total e estratos selecionados do topo da distribuição

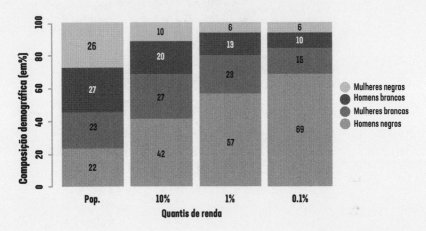

Fonte: Bottega *et al.* (2021, p. 8).

Para além da representação de homens e mulheres brancas e negras nos decis de renda, quando se apura a apropriação de renda nacional em cada grupo, as desigualdades tornam-se ainda mais gritantes. Conforme se observa na Figura 3, o 1% mais rico do país apropria-se de quase um quarto de toda a renda nacional (24,6%) – apenas o 0,1% mais rico apropria-se de quase um oitavo de toda a renda nacional (12,2%). A presença de homens brancos é quase hegemônica nesses agrupamentos.

Figura 3 – Apropriação da renda nacional pelos décimos de renda selecionados e pela composição demográfica

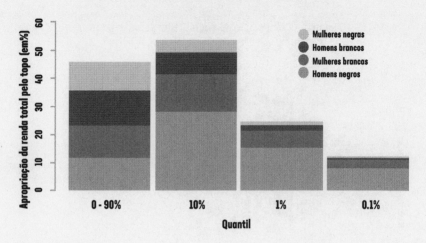

Fonte: Bottega *et al.* (2021, p. 9).

Por fim, o dado mais impactante encontrado no estudo, ilustrado anteriormente, é que os homens brancos que estão no 1% do topo, que correspondem apenas a 0,56% da população adulta brasileira, apropriam-se, sozinhos, de 15,3% de toda a renda nacional, valor superior à renda de todas as mulheres negras do país, que representam 26% da população, e se apoderam de apenas 14,3% da renda nacional.

O estudo reforça como análises focadas apenas em classe social são incapazes de compreender a desigualdade brasileira. Como concluem Ana Bottega *et al.* (2021, p. 5):

> Como observado em trabalhos anteriores, a desigualdade no Brasil possui tanto um viés racial quanto um viés de gênero, avançando no sentido de uma análise que leve em conta a interseccionalidade entre raça e gênero, a disparidade de rendimentos é ainda mais prevalente quando olhamos especificamente para o grupo das mulheres negras.

Nesse sentido, é preciso investigar como as desigualdades sociais, de gênero e de raça relacionam-se à regressividade tributária no contexto brasileiro, temática que será vista a seguir.

3.3. JUSTIÇA FISCAL NA CRFB/88 *VERSUS* REGRESSIVIDADE TRIBUTÁRIA NA REALIDADE

Como demonstrado na seção 3.1, a CRFB/88 estabeleceu o dever de construir uma sociedade livre, justa, solidária e igualitária (art. 5º, *caput*), de combater as desigualdades sociais e a pobreza, ao passo que garantiu os direitos sociais como garantias fundamentais, além do direito à saúde e à seguridade social. E são justamente esses valores que impõem e justificam a intervenção estatal, demandando, assim, financiamento do Estado e de suas políticas públicas por meio da tributação (DERZI, 1989).

A Constituição também dispôs a igualdade em matéria tributária (art. 150, II), estabeleceu a progressividade sobre os impostos sobre a renda (art. 153, § 2º, I), a propriedade predial territorial urbana (art. 182, § 4º, II) e sobre propriedade territorial rural (art. 153, § 4º, I), a capacidade contributiva (art. 145, § 1º) e a vedação ao confisco (art. 150, IV). Indiscutivelmente, a CRFB/88 fez a escolha pela justiça tributária, e, como afirma Misabel Derzi (2014, p. 48), "[n]esse contexto jurídico constitucional, somente no plano filosófico ou teórico-especulativo caberia discutir a conveniência ou não de se adotar a justiça tributária distributiva". Em consonância, defende Marina Marinho (2019) que a tributação no contexto constitucional brasileiro possui função não apenas arrecadatória, mas de desconcentrar riquezas.

Todavia, como denunciado por trabalhos de direito tributário crítico (ALVES, 2012; BATISTA JÚNIOR, OLIVEIRA e MAGALHÃES, 2018; DERZI, 2014; FEITAL, 2018; MARINHO, 2019) e aferido por estudos econômicos, institutos de pesquisa nacionais e organizações internacionais (AFONSO *et al.*, 2017; FERNANDES, CAMPOLINA e SILVEIRA, 2019; OXFAM BRASIL, 2021; SILVEIRA, 2012), o sistema tributário brasileiro é regressivo por se concentrar na tributação indireta, sobre o consumo, e acarreta, à revelia da Constituição de 1988, que a tributação afeta proporcionalmente mais os mais pobres. Thiago Feital (2021) aponta, nesse sentido, que a regressividade do sistema tributário se constitui em uma forma de discriminação indireta.

Outro recente estudo do Made/USP (SILVEIRA *et al*., 2022)[59] demonstrou que a regressividade ainda persiste no sistema tributário brasileiro. Como observa-se na Figura 4, os 10% mais pobres acabam sofrendo com uma incidência de 23,4% de tributos indiretos e de 3% de tributos diretos, totalizando 26,4%. Ou seja, mais de um quarto da renda dos mais pobres é despendida em tributos. Quando observada a parte de cima da pirâmide, os 10% mais ricos, vê-se que, mesmo com o aumento da incidência da tributação direta (10,6%), ela ainda é insuficiente para reparar a regressividade da tributação indireta (8,6%). Assim, os 10% mais ricos pagam 19,2% de sua renda em tributos, uma diferença de mais de 7 pontos percentuais entre os mais ricos e os mais pobres, em oposição ao que preconiza a CRFB/88.

Figura 4 – Incidência da tributação direta e indireta na renda total segundo décimos de renda familiar *per capita* – Brasil 2017-2018

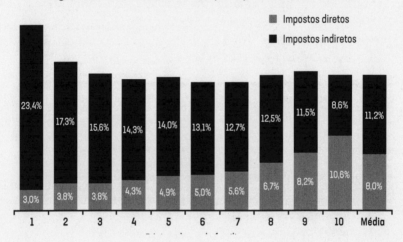

Fonte: Silveira *et al*. (2022, p. 30).

O estudo elenca que a tributação direta é pouco progressiva, com baixa incidência de IRPF sobre os mais ricos e redução substantiva da progressividade conforme se avança para o topo da distribuição, além de os impostos sobre patrimônio, IPTU e IPVA, terem efeitos concentradores e não contribuírem para redução da desigualdade. Assim, a conclusão do estudo é de que a baixa progressividade da tributação da renda não é capaz de compensar a alta regressividade da tributação indireta.

---

59 O estudo estima as alíquotas efetivas, e não as alíquotas legais (Silveira *et al*., 2022, p.9 e seguintes).

A pesquisa também concluiu que as transferências sociais ocorridas no período de 2002/03 a 2017/18 levaram à queda da desigualdade e ampliaram seus efeitos redistributivos; todavia, o sistema tributário permaneceu regressivo, e, portanto, "é na alteração do perfil regressivo do sistema tributário nacional que residem as maiores possibilidades para elevar a capacidade redistributiva do Estado brasileiro" (SILVEIRA *et al.*, 2022, p. 45). Por fim, o trabalho indica que é necessário aumentar a progressividade dos tributos sobre renda e patrimônio, bem como elevar sua incidência sobre a renda dos mais ricos, e reduzir o peso da tributação indireta e suas alíquotas.

Nessa perspectiva, Evanilda Godoi e Thomas Bustamante (2021, p. 210) defendem que nenhum sistema tributário poderá ser considerado justo se não explorar bases tributárias imprescindíveis para redução das desigualdades e desconcentração de poder, como aquelas relacionadas à renda e à riqueza. Para os autores, as bases tributárias não têm apenas valor instrumental, mas possuem valor intrínseco. Assim, quando o Estado escolher renunciar a essas bases, ele viola o princípio da capacidade contributiva e, por conseguinte, o princípio da igualdade. Concluem:

> Uma análise dos princípios específicos sobre o regime tributário, se realizada de maneira responsável, leva à conclusão de que a tributação de certas bases tributárias, como a renda, a riqueza extrema (grandes fortunas) ou as doações e heranças, por exemplo, tem valor intrínseco, e nenhum sistema tributário será justo se não adotar e priorizar essas bases de tributação (GODOI BUSTAMANTE; BUSTAMANTE, 2021, p. 238).

Em consonância, como abordado no capítulo anterior, as deliberações acerca de qual base tributar – e em que medida – não são neutras a gênero. Quando um ordenamento jurídico escolhe pouco tributar ou isentar bases que são hegemonizadas por homens, essas decisões possuem vieses de gênero que discriminam as mulheres (YOUNG, 1995; STOTSKY, 1996; OECD, 2022; AMBROSANO, 2021). Portanto, é preciso reiterar que, quando o sistema tributário brasileiro escolhe não tributar ou pouco taxar renda e patrimônio, além de ofender o princípio da capacidade contributiva e da igualdade, ele discrimina as mulheres em benefício dos homens.

3.4. GÊNERO, RAÇA E CLASSE: POR UMA ANÁLISE INTERSECCIONAL

Em 1976, a trabalhadora Emma DeGraffenreid e outras quatro mulheres negras processaram a General Motors (GM) sob a acusação de que a empresa praticava discriminação contra as mulheres negras por meio da política "últimas a serem contratadas e primeiras a serem demitidas" (DeGRAFFENREID, 1976) e infringia a Lei dos Direitos Civis de 1964, que proibia a discriminação por gênero, raça, religião ou origem na contratação ou demissão de funcionários (UNITED STATES, [s. d.]).

O tribunal que examinou o caso acabou por julgar as alegações de discriminação de gênero e discriminação racial separadamente, sob a justificativa de que "as reclamantes falharam em citar quaisquer decisões que tenham declarado que as mulheres negras são uma classe especial a ser protegida da discriminação" (DeGRAFFENREID, 1976, tradução livre)[60].

Assim, o caso foi examinado para verificar se se tratava de uma causa de discriminação de gênero ou de discriminação racial, ou de ambas, mas não a combinação delas. Acontece que a GM contratava mulheres, mas para trabalhar como secretárias dentro dos escritórios, nos quais, por serem espaços de "visibilidade", apenas mulheres brancas eram contratadas; e, para o trabalho braçal nas linhas de produção, apenas homens eram escolhidos. Assim, não se conseguiu provar que a GM praticava discriminação de gênero, já que a empresa contratava mulheres, porém apenas mulheres brancas. Tampouco se conseguiu demonstrar que a empresa praticava discriminação racial, afinal a GM contratava pessoas negras, mas apenas homens.

A Corte acabou declarando que a GM não praticava discriminação de gênero e negou provimento às acusações de discriminação racial. O Juiz Wangelin ainda afirmou na sentença:

> A história legislativa em torno do Título VII não indica que o objetivo do estatuto era criar uma nova classificação de "mulheres negras" que teriam maior posição do que, por exemplo, um homem negro. A perspectiva da criação de novas classes de minorias protegidas, regidas apenas pelos princípios matemáticos de permutação e combinação, claramente levanta

---

60 "[...] plaintiffs have failed to cite any decisions which have stated that black women are a special class to be protected from discrimination."

a perspectiva de abrir a banal caixa de Pandora (DeGRAFFENREID, 1976, tradução nossa)[61].

A história dessas mulheres foi trazida pela jurista afro-americana Kimberlé Crenshaw (2004, p. 10) para visibilizar como as diferentes discriminações se entrelaçam, ou, em sua terminologia, interseccionam-se,edemonstrar como essas categorias precisam ser analisadas conjuntamente, visto que, quando o racismo, o sexismo e a opressão de classe são examinados separadamente, resultam em compreensões parciais e, muitas vezes, equivocadas da realidade.

A "interseccionalidade", termo cunhado inicialmente por Crenshaw em 1989[62], deu origem ao campo de estudos da teoria interseccional e do feminismo interseccional. Tornou-se rapidamente um dos conceitos feministas mais populares do século XXI, com diversas definições e reivindicado por diferentes grupos. Patricia Hill Collins e Sirma Bilge (2021, p. 17) explicam que o principal entendimento da interseccionalidade é considerar que, em determinada sociedade e período, as relações de poder que envolvem gênero, raça e classe não se manifestam como categorias distintas, mas se sobrepõem e funcionam de maneira conjunta.

Para as autoras, é possível encontrar uma definição comum entre os vários conceitos de interseccionalidade:

> A interseccionalidade investiga como as relações interseccionais de poder influenciam as relações sociais em sociedades marcadas pela diversidade, bem como as experiências individuais na vida cotidiana. Como ferramenta analítica, a interseccionalidade considera que as categorias de raça, classe, gênero, orientação sexual, nacionalidade, capacidade, etnia e faixa etária – entre outras – são inter-relacionadas e moldam-se mutuamente. A interseccionalidade é uma forma de entender e explicar a complexidade do mundo, das pessoas e das experiências humanas (COLLINS e BILGE, 2021, p. 16).

---

61 "The legislative history surrounding Title VII does not indicate that the goal of the statute was to create a new classification of 'black women' who would have greater standing than, for example, a black male. The prospect of the creation of new classes of protected minorities, governed only by the mathematical principles of permutation and combination, clearly raises the prospect of opening the hackneyed Pandora's box."

62 Crenshaw (1989) utilizou o termo "interseccionalidade" pela primeira vez em 1989 no artigo "Demarginalizing the Intersection of Race and Sex: A Black Feminist Critique of Antidiscrimination Doctrine, Feminist Theory and Antiracist Politics".

Independentemente de ser enquadrada como uma teoria feminista, um conceito único ou uma vertente de atuação política feminista, é importante, como Collins e Bilge (2021) nos ensinam, focar mais no que a interseccionalidade pode fazer do que em qual é a sua definição. Dessa forma, uma contribuição que a interseccionalidade nos dá é ser uma ferramenta analítica:

> Em vez de ver as pessoas como uma massa homogênea e indiferenciada de indivíduos, a interseccionalidade fornece estrutura para explicar como categorias de raça, classe, gênero, idade, estatuto de cidadania e outras posicionam as pessoas de maneira diferente no mundo (COLLINS e BILGE, 2021, p. 33-34).

Investigar a relação entre classe, gênero e raça não é primazia dos estudos feministas negros norte-americanos[63]. Mesmo antes de Crenshaw cunhar o termo "interseccionalidade", Lélia Gonzalez vinha desde década de 1970 alertando sobre a situação específica das mulheres negras latino-americanas e investigando a relação entre gênero, raça, classe e origem[64]. Para a autora, tendo em vista a existência da divisão racial e sexual do trabalho, é quase óbvio concluir sobre o processo de tríplice discriminação que a mulher negra sofre, enquanto raça, sexo e classe, e por conseguinte, seu lugar na força de trabalho (GONZALEZ, 2020, p. 48).

Ao analisar a situação econômica da mulher negra na sociedade brasileira, em apresentação no Spring Symposium the Political Economy of the Black World, em 1979, Lélia Gonzalez (2020, p. 52) declarou:

> Para finalizar, gostaríamos de chamar atenção para a maneira como a mulher negra é praticamente excluída dos textos e do discurso do movimen-

---

63 Vale rememorar a fala de Angela Davis quando visitou o Brasil em 2019 para lançamento de sua autobiografia *A liberdade é uma luta constante*, pela editora Boitempo: "Eu me sinto estranha quando sinto que estou sendo escolhida para representar o feminismo negro. E por que aqui no Brasil vocês precisam buscar essa referência nos Estados Unidos? Eu acho que aprendo mais com Lelia Gonzales do que vocês poderiam aprender comigo" (EM SÃO PAULO..., 2019).

64 Ver os artigos "A mulher negra na sociedade brasileira: uma abordagem político-econômica" (apresentado originalmente em 1979), "Racismo e sexismo na cultura brasileira" (publicado originalmente em 1983), "Por um feminismo afro-latino-americano" (publicado originalmente em espanhol em 1988), "A mulher negra no Brasil" (publicado originalmente em inglês em 1985), "Mulher negra: um retrato" (publicado originalmente em 1979) e "E a trabalhadora negra, cumé que fica?" (publicado originalmente em 1982), todos reunidos em Gonzalez (2020).

to feminino em nosso país. A maioria dos textos, apesar de tratarem das relações de dominação sexual, social e econômica a que a mulher está submetida, assim como da situação das mulheres das camadas mais pobres etc. etc., não atentam para o fato da opressão racial. As categorias utilizadas são exatamente aquelas que neutralizam o problema da discriminação racial e, consequentemente, o do confinamento a que a comunidade negra está reduzida.

De forma seminal, Flávia Biroli e Luis Felipe Miguel (2015, p. 29-30) apontam o perigo de se isolar classe de gênero e raça na compreensão das desigualdades:

> A dissociação dessas variáveis pode levar a análises parciais, mas principalmente a distorções na compreensão da dinâmica de dominação e dos padrões das desigualdades. Uma análise focada nas relações de classe pode deixar de fora o modo como as relações de gênero e o racismo configuram a dominação no capitalismo, posicionando as mulheres e a população não branca em hierarquias que não estão contidas nas de classe, nem existem de forma independente e paralela a elas. Reduz, com isso, sua capacidade de explicar as formas correntes de dominação e os padrões de desigualdade. Do mesmo modo, uma análise das relações de gênero que não problematize o modo como as desigualdades de classe e de raça conformam o gênero, posicionando diferentemente as mulheres nas relações de poder e estabelecendo hierarquias entre elas, pode colaborar para suspender a validade de experiências e interesses de muitas mulheres. Seu potencial analítico assim como seu potencial transformador são, portanto, reduzidos.

A necessidade de se usar da interseccionalidade como lente analítica também é apontada no estudo do Made/USP sobre as desigualdades de renda no Brasil:

> Fica nítido, portanto, que a pobreza tem um forte viés racial, com a população negra sendo maioria da população pobre. No entanto, é particularmente a mulher negra que representa o decil mais baixo da renda, sendo quatro vezes mais presentes do que homens brancos nesse grupo. Esse **fato evidencia a importância de fazer análises interseccionais da pobreza e da desigualdade** no país e dar atenção especial às mulheres negras em estudos e desenhos de políticas públicas (BOTTEGA *et al.*, 2021, p. 7, grifo nosso).

Nesse sentido, tendo em vista como gênero, raça e classe se interseccionam e posicionam indivíduos na sociedade, análises que enxerguem apenas as desigualdades de renda são insuficientes para propor soluções para o problema da desigualdade. Como exaustivamente demonstrado, a suposta neutralidade de gênero – e, acrescenta-se, de raça – apenas corrobora com um sistema de discriminação que prejudica mulheres e pessoas negras. Não seria diferente no sistema tributário e na busca por soluções para efetivar a justiça tributária, como será demonstrado a seguir.

3.5. CONSIDERAÇÕES FINAIS

Quando analisados em conjunto os estudos aqui trazidos (BOTTEGA *et al.*, 2021; SILVEIRA *et al.*, 2022)[65], observa-se que os 10% mais pobres da população, os mais afetados pela regressividade tributária, com uma carga de 26,4%, são compostos em sua grande maioria de mulheres negras (42%), seguidos de homens negros (28%), mulheres brancas (19%) e, por último, homens brancos (11%).

Quando se observa os 10% mais ricos, aqueles que têm maior capacidade contributiva, mas arcam com apenas 19,2% de sua renda em tributos, a lógica é reversa, visto que esse grupo é formado hegemonicamente por homens brancos (42%), seguido de mulheres brancas (27%), homens negros (20%) e mulheres negras (10%).

A relação é lógica, mas não é trivial: se a tributação brasileira é regressiva, onerando proporcionalmente mais os mais pobres, e a pobreza no Brasil tem um viés racial e de gênero que posiciona as mulheres negras na base da pirâmide, logo são as mulheres negras aquelas que mais sofrem com o peso da tributação no Brasil.

Não há dúvidas de que a interação entre a matriz tributária regressiva e as estruturas racistas[66] e patriarcais da sociedade brasileira penaliza as pessoas negras e, especialmente, as mulheres negras. Por isso, é preciso afirmar que o atual sistema tributário brasileiro acentua as desigualdades não apenas de renda, mas também raciais e de gênero.

---

65 Importante dizer que ambos os estudos foram feitos sobre a mesma base de dados: a POF 2017-2018, a última realizada pelo IBGE.

66 Silvio Almeida, em *Racismo estrutural* (2019, p. 104), em capítulo dedicado a analisar o racismo e a economia, explica: "O racismo se manifesta no campo econômico de forma objetiva, como quando as políticas econômicas estabelecem privilégios para o grupo racial dominante ou prejudicam as minorias", e exemplifica com o caso da regressividade tributária, que se torna um fator de empobrecimento da população negra, principalmente das mulheres negras.

Desse modo, a regressividade do sistema tributário brasileiro constitui, sob a perspectiva dos direitos humanos, uma forma de discriminação indireta (FEITAL, 2021), ou, na metodologia de Stotsky (1996), um viés implícito de discriminação. Nesse sentido, aponta Maria Angélica dos Santos (2022, p. 65):

> Sendo assim, aqueles que já são historicamente oprimidos por questão de raça, gênero ou classe, ainda passam a ser oprimidos também pela tributação. Essa sobreposição de opressões se estabelece de maneira simbólica, mas possui repercussões bastante reais sobre a construção de uma justiça fiscal brasileira.

Essas constatações indicam a necessidade de um olhar que vá além da desigualdade de renda e enxergue gênero e raça também dentro dos estudos de justiça tributária. Assim, visto que análises restritas aos parâmetros de classe são insuficientes para compreender uma questão tão complexa quanto a desigualdade, e tendo em vista como gênero, raça e classe articulam-se na sociedade brasileira, a interseccionalidade constitui uma ferramenta interpretativa essencial aos estudos tributários.

Para além da regressividade do sistema tributário, analisado de forma global, é preciso investigar a existência de outros vieses implícitos de gênero na tributação brasileira. É o que será analisado a seguir.

CAPÍTULO 4

"ELES DIZEM QUE É AMOR, NÓS DIZEMOS QUE É TRABALHO NÃO REMUNERADO"[67]: TRABALHO REPRODUTIVO, DOMÉSTICO E DE CUIDADO

Como abordado, esta pesquisa pretende investigar os vieses que a tributação brasileira oculta contra as mulheres. O primeiro deles, visto no capítulo anterior, é a regressividade tributária. O objetivo, agora, é analisar os vieses implícitos que existem para além da regressividade.

Como apontado nas últimas décadas (ELSON, 1987; OECD, 2022; STOTSKY, 1996; Declaração de Pequim, 1995) vieses implícitos podem ser encontrados na relação entre a tributação e os diferentes padrões de consumo de homens e mulheres decorrentes do trabalho não remunerado – também denominado reprodução social, trabalho doméstico ou de cuidado – desempenhado pelas mulheres. Para fazer tal investigação, este capítulo analisará o que constituem esses trabalhos, tanto do ponto de vista teórico quanto investigando empiricamente a realidade brasileira.

Dessa forma, o capítulo será dividido em cinco seções: na primeira, serão analisadas as contribuições da Teoria da Reprodução Social (TRS), do campo de pesquisa de divisão sexual do trabalho (HIRATA; KERGOAT, 2007) e os estudos de Silvia Federici (2019a, 2019b) sobre o trabalho de reprodução social[68]. Na segunda seção, uma explicação sobre os diferen-

---

67 Frase de Silvia Federici (2019a, p. 40) originalmente apresentada no artigo "Wages against Housework" (1975).

68 O campo de estudos sobre trabalho não remunerado é diverso, e existem pequenas divergências teóricas entre as formuladoras da TRS, a tradição francesa que formulou a divisão sexual do trabalho (Kergoat, Hirata) e Silvia Federici. Todavia,

tes termos usados para tratar do trabalho não remunerado das mulheres: reprodutivo, doméstico e de cuidado. Na terceira, os dados do IBGE sobre horas e tipo de trabalho doméstico e de cuidado[69]. Na quarta seção, serão analisados os dados referentes aos tipos de agrupamentos familiares, a fim de compreender como é a composição das famílias chefiadas por homens e mulheres. Por fim, a quinta seção apresenta a conclusão deste capítulo.

4.1. TODO TRABALHO PRODUTIVO É SUSTENTADO POR UM TRABALHO REPRODUTIVO

O trabalho doméstico, entendido aqui em sentido amplo como todo aquele trabalho não remunerado desempenhado pelas mulheres dentro do lar, e a origem da opressão feminina sempre estiveram no centro dos debates e das experiências dos movimentos feministas-socialistas[70] do final do século XIX e início do século XX.

Para as primeiras feministas-socialistas[71] o trabalho doméstico era percebido como uma opressão à mulher, que tinha como consequência mantê-la afastada da participação política. Nos primeiros anos da revolução soviética, por exemplo, foram abertas creches, refeitórios e lavanderias públicas com intuito de reduzir drasticamente o trabalho doméstico das mulheres para que elas pudessem integrar a força de trabalho remunerada (mesmo que justamente nesses setores de serviço de creches, refeitórios e lavanderias) e participar da vida política (GOLDMAN, 2014)[72].

---

essas *nuances* não são relevantes para este trabalho. Portanto, a abordagem do capítulo será nas contribuições que as autoras têm para o contexto investigado.

69 O emprego de dados também tem como objetivo a utilização de meios estatísticos para tornar visível o trabalho não remunerado das mulheres e suas contribuições para a economia, como preconiza a Declaração de Pequim (1995).

70 Designação mais ampla e diversa do que o feminismo-marxista, que designa explicitamente com o materialismo histórico-dialético e com a crítica da economia política (RUAS, 2021, p. 379).

71 Ver a coletânea de textos das primeiras feministas socialistas, com destaque para a obra de Alexandra Kollontai traduzida em: SCHNEIDER, Graziela (org.). *A revolução das mulheres*. [S. l.]: Boitempo, 2017; e a obra histórica sobre a experiência das mulheres nas primeiras décadas da revolução russa: *Mulher, Estado e Revolução*: Wendy Goldmann.

72 Wendy Goldman (2014) demonstra como os primeiros anos da revolução soviética representaram enorme avanço para as mulheres: foi o primeiro país do mundo

Esse debate sobre o trabalho doméstico foi posteriormente retomado em duas perspectivas. Primeiro, a partir da década de 1970, por feministas francesas que romperam com parte da tradição marxista[73] que ignorava ou menosprezava a relevância do debate acerca da opressão feminina. O objetivo dessas feministas era, a partir do materialismo histórico, analisar a opressão feminina, com base no trabalho doméstico e em como ele posiciona as mulheres nas relações de produção (ABREU, 2018, p. 3). Assim, para essas teóricas e militantes, trabalho doméstico não remunerado, responsabilidade exclusiva das mulheres, seria a base de um sistema de exploração, o patriarcado (ABREU, 2018).

Como consequência desse campo, surge o conceito de divisão sexual do trabalho, que emerge como campo de estudos a partir da década de 1970. Helena Hirata e Danièle Kergoat (2007, p. 597) descrevem esse processo como uma tomada comum de consciência de uma opressão, visto que se tornou coletivamente evidente que uma enorme massa de trabalho é efetuada gratuitamente pelas mulheres, um trabalho invisível, realizado não para elas próprias, mas sempre para outros em nome da natureza, do amor ou do dever materno. As análises passaram a abordar o trabalho doméstico como atividade de trabalho tal qual o profissional remunerado, que abriu caminho para pensar os termos de "divisão sexual do trabalho" (HIRATA; KERGOAT, 2007, p. 597-598).

Hirata e Kergoat (2007, p. 599) definem a divisão sexual do trabalho como a forma de divisão do trabalho social decorrente das relações

---

a legalizar o aborto (1920), a permitir o divórcio e a estipular, via judiciário, pensão alimentícia para os dependentes, além de criar refeitórios, lavanderias e creches. Todavia, essas políticas públicas foram as primeiras a sofrerem corte de gastos diante da crise econômica. Posteriormente, especialmente sob a liderança de Josef Stalin, os retrocessos nos direitos das mulheres cresceram mais ainda, com o retorno da criminalização do aborto (1936) e o fechamento da Secretaria da Mulher do partido comunista, de acordo com Goldman (2014).

73 Nesse sentido, também aponta Federici: "Os três tomos de *O capital* foram escritos como se as atividades diárias que sustentam a reprodução da força de trabalho fossem de pouca importância para a classe capitalista, e como se os trabalhadores se reproduzissem no capitalismo simplesmente consumindo os bens comprados com o salário. Tais suposições ignoram não só o trabalho das mulheres na preparação desses bens de consumo, mas o fato de que muitos dos bens consumidos pelos trabalhadores industriais – como açúcar, café e algodão – foram produzidos pelo trabalho escravo empregado, por exemplo, nas plantações de cana brasileiras" (FEDERICI, 2019b, p. 12).

sociais entre os sexos, que é modulada histórica e socialmente, e é caracterizada pela "designação prioritária dos homens à esfera produtiva e das mulheres à esfera reprodutiva e, simultaneamente, [pel] a apropriação pelos homens das funções com maior valor social adicionado". Para as autoras, essa divisão social do trabalho é fundada em dois princípios: princípio da separação (trabalho de homem *versus* trabalho de mulher) e princípio hierárquico (trabalho de homem "vale" mais que o trabalho de mulher) (HIRATA; KERGOAT, 2007, p. 599). Essas pesquisadoras afirmam que esse processo ocorre em todas as sociedades conhecidas no tempo e no espaço, e que, ao rebaixar o gênero ao sexo biológico, reduz as práticas sociais a "papéis sociais" sexuados como se estes fossem o destino natural da espécie (HIRATA; KERGOAT, 2007, p. 599).

No "modelo tradicional", o papel de provedor era atribuído aos homens e o papel doméstico, assumido inteiramente pelas mulheres[74]. Mesmo agora, com novas configurações sociais e com o aumento da participação da mulher no mercado de trabalho, emergem o "modelo de conciliação", em que cabe quase exclusivamente às mulheres conciliar vida profissional e vida familiar (HIRATA; KERGOAT, 2007, p. 604), e/ou o "modelo de delegação", em que mulheres recorrem à enorme reserva de mulheres em situação precária (no caso francês, de imigrantes), e, no caso brasileiro, acrescenta-se, recorrem à mão de obra de mulheres negras e/ou imigrantes de outros países sul-americanos, para diminuir o trabalho doméstico. As autoras alertam que, mesmo quando existe uma delegação, seu limite encontra-se na própria estrutura do trabalho doméstico: a responsabilidade pelo conjunto do trabalho delegado é sempre daquelas que delegam. Assim, mesmo com novas configurações sociais, cabe sempre às mulheres conciliarem e delegarem, e continua-se a excluir os homens da problemática (HIRATA; KERGOAT, 2007, 607).

Outra perspectiva sobre o trabalho doméstico e a opressão das mulheres surgiu nos movimentos feministas-marxistas e antirracistas[75],

---

74 Importante destacar que esse modelo "tradicional" diz respeito quase exclusivamente às famílias brancas, visto que homens e mulheres negras sempre trabalharam de forma remunerada ou foram explorados e colocados em situação de escravização.

75 A respeito, Rhaysa Ruas (2021, p. 397) aponta: "Entretanto, cabe destacar que as mulheres negras socialistas foram pioneiras em denunciar a relação contraditó-

especialmente nos Estados Unidos da América e na Europa Ocidental (RUAS, 2021), cujas críticas também apontavam para a insuficiência da teoria marxiana[76] em explicar as relações dentro do capitalismo (ARRU-ZZA; BHATTACHARYA, 2020; BHATTACHARYA, 2019; RUAS, 2021).

Para essas feministas (BHATTACHARYA, 2019), se a teoria marxiana identifica a "força de trabalho" como a "mercadoria especial" que viabiliza a criação de mercadorias e de valor para o capitalismo, faz-se necessário explicar também como a força de trabalho é em si produzida:

> Mas Marx é frustrantemente silencioso sobre o resto da história. Se a força de trabalho produz valor, como a força de trabalho é, ela mesma, produzida? Certamente os trabalhadores não brotam do chão e chegam ao mercado frescos e prontos para vender sua força de trabalho para o capitalista (BHATTACHARYA, 2019, p. 102).

Resumidamente, essas intelectuais buscavam responder a duas questões: primeiro, se o trabalho doméstico era produtivo ou improdutivo; segundo, se o trabalho doméstico constituía um modo de produção em si mesmo, distinto ou análogo ao modo de produção capitalista (RUAS, 2021, p. 379).

Como abordado, para as feministas-materialistas, a resposta era que dois motores impulsionariam o desenvolvimento da história: a luta de classes existente dentro do capitalismo e a luta entre os sexos, revelada pela investigação do patriarcado (VOGEL, 2013 *apud* RUAS, 2021, p. 380). De acordo com Rhaysa Ruas (2021, p. 380), essa perspectiva dualista era inconsistente em explicar a relação entre a exploração de gênero e a opressão capitalista e reforçava uma concepção teórica que separava a esfera da economia das esferas política e social, e, como

---

ria-porém-necessária existente entre os processos de produção de valor e os processos de produção da vida (o que implica a desvalorização da vida e processos múltiplos de controle e desumanização). Para estas autoras, se as múltiplas relações de opressão e exploração eram imbricadas na realidade, deveriam ser inseparáveis também analiticamente". Porém [...] "esta perspectiva não encontrou espaço no interior do feminismo-marxista, que, por sua vez, era cego em relação à raça. Também permaneceu minoritária em relação ao marxismo, hegemonizado por uma perspectiva masculina e branca" (RUAS, 2021, p. 397).

76 Teorias ou obras marxianas referem-se aos escritos originais de Marx. Já as teorias ou obras marxistas são mais amplas, representam um campo de estudo de diversos autores que se filiam ao materialismo histórico-dialético e à crítica da economia política, interpretando ou complementando a obra de Marx à sua maneira.

consequência, gerava a disputa pela hierarquização entre as relações de classe e de gênero, de exploração e opressão.

A primeira teórica a reconceitualizar a crítica marxiana do capital a partir da perspectiva da reprodução social e a sistematizar uma teoria unitária foi Lise Vogel, que buscava compreender a base material para a condição de opressão das mulheres sob o capitalismo (RUAS, 2021, p. 383). Uma das conclusões da pesquisadora é de que o trabalho reprodutivo das mulheres, incluindo aqui o trabalho doméstico e de cuidado, constituir-se-ia historicamente como condição necessária para o modo de produção capitalista (RUAS, 2021, p. 391)[77]. Assim, para Vogel, as mulheres seriam oprimidas por uma multiplicidade de fatores decorrentes da relação contraditória entre reprodução da vida humana e reprodução do capital (RUAS, 2021, p. 396).

Desse modo, a perspectiva unitária entende o sistema capitalista como um complexo de reações sociais que integram exploração, opressão, dominação e alienação (RUAS, 2021) e busca criar uma perspectiva que supere as dicotomias entre produção e reprodução social:

> Esse é, essencialmente, o argumento principal do que Vogel e essas marxistas posteriores chamam de "teoria da reprodução social". A teoria da reprodução social mostra como a "produção de bens e serviços e a produção da vida fazem parte de um processo integrado", como Meg Luxton coloca. Se a economia formal é o local de produção de bens e serviços, as pessoas que produzem tais coisas são, elas mesmas, produzidas fora do âmbito da economia formal a um custo bem baixo para o capital (BHATTACHARYA, 2019, p. 103).

Assim, para a TRS, a força de trabalho é ela mesma produzida e reproduzida fora das relações de produção, sendo produzida dentro das relações de parentesco chamadas família (BHATTACHARYA, 2019, p. 102). Essa teoria esclarece que o trabalho de reprodução social é

---

[77] Ruas explica as conclusões de Lise Vogel: "Ao desenvolver sua argumentação, a autora localiza, no interior da categoria marxiana 'trabalho necessário', uma dupla dimensão, específica das sociedades capitalistas: sua divisão em dois componentes, o social e o doméstico. O componente social do trabalho necessário estaria, como Marx conceituou, indissoluvelmente ligado ao trabalho excedente no processo de produção capitalista (um define o outro); já o componente doméstico do trabalho necessário – ou trabalho doméstico – seria a porção que é realizada fora da esfera da produção capitalista, ignorada por Marx em O Capital. Ambos os componentes seriam indispensáveis para a produção diária tanto da força de trabalho, quanto das mercadorias (VOGEL, 2013 [1983], p. 157)" (RUAS, 2021, p. 391-392).

aquele ligado a três processos interconectados: (i) cuidado com trabalhadores ativos; (ii) cuidado com não trabalhadores; (iii) trabalho reprodutivo em si, gestar e dar à luz:

> 1. Atividades que regeneram a trabalhadora fora do processo de produção e que a permitem retornar a ele. Elas incluem, entre uma variedade de outras coisas, comida, uma cama para dormir, mas também cuidados psíquicos que mantêm uma pessoa íntegra.
> 2. Atividades que mantêm e regeneram não trabalhadores que estão fora do processo de produção – isto é, os que são futuros ou antigos trabalhadores, como crianças, adultos que estão fora do mercado de trabalho por qualquer motivo, seja pela idade avançada, deficiência ou desemprego.
> 3. Reprodução de trabalhadores frescos, ou seja, dar à luz (BHATTACHARYA, 2019, p. 103).

De acordo com Bhattacharya (2019, p. 104), a contribuição mais importante da TRS é entender o capitalismo como um sistema unitário que pode integrar a esfera da reprodução com a esfera da produção. Assim, mudanças em uma esfera reverberam na outra: cortes neoliberais e salários baixos podem produzir despejos e violência doméstica. Também por essa razão é necessário integrar as lutas da esfera de produção e reprodução: nas lutas por salário é preciso levantar a questão da justiça reprodutiva, e nas organizações que lutam contra machismo e racismo é preciso levantar a questão dos salários (BHATTACHARYA, 2019, p. 111-112). Desse modo, a TRS, a partir de uma perspectiva unitária das relações sociais, entende que, para todo trabalho produtivo, existe um trabalho reprodutivo ao redor dele.

Como abordado no segundo capítulo, diversos trabalhos, mesmo que de autoras não materialistas ou marxistas, demonstram como os ajustes fiscais recaem desproporcionalmente sobre as mulheres (ELSON, 1987; STOTSKY, 1996; Conferência de Pequim, 1995) ao transferirem o peso dos trabalhos de cuidado, anteriormente providos pelo Estado, para mulheres dentro do lar. A Conferência de Pequim ainda aponta, explicitamente, que a imposição do trabalho de cuidado às mulheres é uma das causas da feminilização da pobreza.

Silvia Federici (2019a, p. 20) foi outra expoente dos estudos acerca da reprodução social. Para essa autora, a reprodução social compreende o complexo de atividades e relações por meio das quais a vida e o trabalho são reconstituídos diariamente. É o trabalho de reprodução social o fundamento de todo sistema político e econômico realizado por mulheres que mantêm o mundo em movimento (FEDERICI, 2019a, p. 17).

Federici (2019a, p. 26) reforça que o capitalismo precisa do trabalho reprodutivo não remunerado das mulheres, a fim de conter o custo da força de trabalho:

> A diferença em relação ao trabalho doméstico reside no fato de que ele não só tem sido imposto às mulheres como também foi transformado em um atributo natural da psique e da personalidade femininas, uma necessidade interna, uma aspiração, supostamente vinda das profundezas da nossa natureza feminina. O trabalho doméstico foi transformado em um atributo natural em vez de ser reconhecido como trabalho, porque foi destinado a não ser remunerado. O capital tinha que nos convencer de que o trabalho doméstico é uma atividade natural, inevitável e que nos traz plenitude, para que aceitássemos trabalhar sem uma remuneração. Por sua vez, a condição não remunerada do trabalho doméstico tem sido a arma mais poderosa no fortalecimento do senso comum de que o trabalho doméstico não é trabalho, impedindo assim que as mulheres lutem contra ele [...] (FEDERICI, 2019a, p. 42-43).

A autora explica que, quando o capital nega ao trabalho doméstico o *status* de trabalho e o coloca como ato de amor ou de natureza feminina[78], ele obtém uma enorme quantidade de trabalho quase de graça, por isso é fundamental reconhecer o trabalho doméstico e de cuidado como trabalho, pois isso "contribui para a produção da força de trabalho e produz capital, favorecendo a realização de qualquer outra forma de produção" (FEDERICI, 2019a, p. 26).

Assim, para Federici (2019b, p. 17-18), a assimetria de poder entre homens e mulheres nas sociedades capitalistas não deve ser atribuída à suposta irrelevância do trabalho doméstico para a acumulação capitalista, como defendia a tradição marxiana, tampouco é fruto de modelos culturais atemporais e sem relação com a exploração capitalista; pelo contrário, a origem da opressão das mulheres deve ser analisada como

> efeito de um sistema social de produção que não reconhece a produção e a reprodução do trabalho como uma fonte de acumulação do capital e, por outro lado, as mistifica como um recurso natural ou um serviço pessoal, enquanto tira proveito da condição não assalariada do trabalho envolvido (FEDERICI, 2019b, p. 17-18).

---

78 Federici (2019b, p. 43) afirma: "No entanto, não existe nada natural em ser dona de casa, tanto que são necessários pelo menos vinte anos de socialização e treinamento diários, realizados por uma mãe não remunerada, para preparar a mulher para esse papel, para convencê-la de que crianças e marido são o melhor que ela pode esperar da vida".

Nesse sentido, as autoras deste capítulo convergem em considerar que o trabalho de reprodução social e o trabalho produtivo são interconectados, e, mais ainda, que todo trabalho produtivo é sustentado pelo trabalho de reprodução social das mulheres. Importante destacar que de nenhum modo o trabalho de cuidado pode ser naturalizado como inerente às mulheres, visto que é imposto a elas por meio da divisão sexual do trabalho, ocultado em nome do "amor", do "dever feminino" ou de uma suposta "condição biológica inerente ao sexo feminino". Além disso, todas essas pesquisadoras defendem que a exploração do trabalho de reprodução social das mulheres é lucrativa para o capital, visto que uma enorme quantidade de trabalho é desempenhada quase gratuitamente, e gera, cuida e sustenta a força de trabalho, fonte da exploração capitalista.

4.2. CONSIDERAÇÕES SOBRE OS TERMOS "TRABALHO REPRODUTIVO", "TRABALHO DOMÉSTICO" E "TRABALHO DE CUIDADO"

A TRS descreve o trabalho de reprodução social como aquele ligado a três processos, o trabalho reprodutivo em si e os trabalhos de cuidado com trabalhadores e não trabalhadores.

Já para o IBGE, existem as categorias "trabalho doméstico"[79] e "trabalhos de cuidado"[80], que são divulgados conjuntamente como "outras formas de trabalho". O trabalho de cuidado é aquele realizado "[...]

---

79 O IBGE (2022, p. 48) define: "Afazeres domésticos: Considera-se como afazeres domésticos na pesquisa: preparar ou servir alimentos, arrumar a mesa ou lavar louças; cuidar da limpeza ou manutenção de roupas e sapatos; fazer pequenos reparos ou manutenção do domicílio, do automóvel, de eletrodomésticos ou outros equipamentos; limpar ou arrumar domicílio, a garagem, o quintal ou o jardim; cuidar da organização do domicílio (pagar contas, contratar serviços, orientar empregados etc.); fazer compras ou pesquisar preços de bens para o domicílio; cuidar dos animais domésticos; e outras tarefas domésticas".

80 O IBGE (2022, p. 47) define: "Cuidado de pessoas: A captação dos cuidados de moradores do domicílio ou de parentes não moradores é feita com base em seis conjuntos de atividades, nos quais o entrevistado deveria responder se realiza ou não tais atividades, sendo elas: auxiliar nos cuidados pessoais (alimentar, vestir, pentear, dar remédio, dar banho, colocar para dormir); auxiliar em atividades educacionais; ler, jogar ou brincar; monitorar ou fazer companhia dentro do domicílio; transportar ou acompanhar para escola, médico, exames, parque, praça,

por um morador em apoio ou auxílio a outro que não poderia realizá-l[o] de forma independente. Essas pessoas poderão ser crianças, idosos, enfermos ou pessoas que necessitam de cuidados especiais" (IBGE, 2022, p. 34), o que parece corresponder ao conceito de cuidado com não trabalhadores da TRS. Já o trabalho doméstico são as "[a]tividades realizadas em benefício próprio e dos moradores, sem envolver qualquer tipo de remuneração (dinheiro, produtos ou mercadorias). Compreendem, ainda, o exercício de tarefas relacionadas às atividades de arrumação ou limpeza de quintal ou de terreno que circunda a residência e tenham caráter exclusivamente doméstico" (IBGE, 2022, p. 34), o que parece corresponder ao conceito de cuidado com trabalhadores ativos da TRS.

Nesse sentido, a escolha desta pesquisa é por resumir o trabalho de reprodução social a duas atividades: o trabalho reprodutivo em si e o(s) trabalho(s) de cuidado. Faz sentido permanecer essa divisão visto que o trabalho reprodutivo em si é ligado à condição biológica do sexo feminino, em que não há correspondência na realidade do sexo biológico masculino, inclusive em relação aos custos – por exemplo, gastos com absorventes (referente a um processo biológico do sistema reprodutor feminino), produtos para grávidas e lactantes. Não há funções ou gastos decorrentes equiparados para o sexo masculino. Já os trabalhos de cuidado, ao contrário, não têm relação específica com as mulheres, não são naturais ou decorrentes de funções biológicas e não podem continuar a ser imputados unicamente a elas. O trabalho de cuidado deve ser repartido dentro dos lares e alcançados por políticas públicas, como creches integrais, espaços para cuidados de idosos, enfermos e pessoas com deficiência. Como ressalta Renata Moreno (2019), todos precisam de cuidado e todos têm a capacidade de cuidar.

A Figura 5 ilustra essas diferenças nos conceitos.

---

atividades sociais, culturais, esportivas ou religiosas; e outras tarefas de cuidados de moradores".

Figura 5 – Nomenclatura do trabalho não remunerado

REPRODUÇÃO SOCIAL (TEORIA DA REPRODUÇÃO SOCIAL)	OUTRAS FORMAS DE TRABALHO (IBGE)	TRABALHO DE REPRODUÇÃO SOCIAL (escolha metodológica desta pesquisa)
Trabalho reprodutivo em si: gestar, parir, amamentar, etc.		**Trabalho reprodutivo:** gestar, parir, amamentar, etc.
Cuidado com trabalhadores ativos: alimentação, higiene, trabalho psíquico, moradia, etc.	**Trabalho doméstico:** trabalho nos afazeres domésticos - Atividades realizadas em benefício próprio e dos moradores.	**Trabalho de cuidado:** trabalho não remunerado desempenhado dentro do lar em tarefas ligadas à subsistência de um ou mais membros da família, sejam eles crianças, adultos, idosos, enfermos e deficientes, como alimentação, limpeza, organização, educação, moradia, amparo psíquico e emocional.
Cuidado com não trabalhadores: crianças, idosos, enfermos: alimentação, higiene, trabalho psíquico, moradia, etc.	**Trabalho de cuidado:** Atividades realizadas por um morador em apoio ou auxílio a outro que não poderia realizá-las de forma independente (crianças, idosos, enfermos e deficientes)	

Fonte: Elaborada pela autora com base em IBGE (2022) e Bhattacharya (2019).

4.3. TRABALHOS REPRODUTIVO, DOMÉSTICO E DE CUIDADO NA REALIDADE BRASILEIRA

Como abordado no início deste capítulo, o cuidado como campo de pesquisa tem origem no debate sobre divisão sexual do trabalho que emergiu a partir da década de 1970. No Brasil, o surgimento das primeiras organizações feministas também se conecta com as mobilizações de mulheres na luta por creches públicas:

> Somos trabalhadoras um pouco diferentes das outras […] somos diferentes, em primeiro lugar, porque não nos reconhecem como trabalhadoras quando trabalhamos em casa 24 horas por dia para criar condições para todos descansarem e trabalharem […] Somos diferentes porque, quando

trabalhamos também fora, acumulamos os dois serviços – em casa e na fábrica. E sempre nos pagam menos. Trabalhamos mais e ganhamos menos [...] Se bem que os filhos, como não são só filhos da mãe, interessam a toda sociedade. A sociedade é que deve criar condições para que estes trabalhadores de amanhã possam se desenvolver em boas condições de saúde e formação [...] Creches são nosso direito (Manifesto de luta por creche, 1979, *apud* MORENO, 2019, p. 15).

Este tópico, assim, tem por objetivo analisar dados socioeconômicos sobre a situação das mulheres em relação ao ingresso na força de trabalho, trabalho de cuidado, entre outros, a fim de compreender a realidade brasileira.

O primeiro dado se refere à taxa de participação na força de trabalho, que indica a população em idade de trabalhar que está trabalhando (ocupada) ou procurando trabalho e disponível para trabalhar (desocupada) (IBGE, 2021, p. 2)[81].

A Figura 6 demonstra que a participação de homens e mulheres com recorte de raça segue a seguinte ordem decrescente: 74,1% dos homens brancos estão na força de trabalho, seguido por 73,4% dos homens negros, 55,7% das mulheres brancas e 53,5% das mulheres negras. Ou seja, mais de 45% das mulheres estão fora da força de trabalho, o que significa que não estão trabalhando nem estão procurando emprego. Esses dados denotam como a categoria "sexo/gênero"[82] é preponderante em gerar desigualdade na participação no mercado.

---

81 Há que ressaltar que o dado não mede quem está efetivamente trabalhando. Assim, as disparidades de gênero podem ser ainda maiores, visto que as taxas de desemprego entre as mulheres são sempre superiores às dos homens.

82 Todas as pesquisas do IBGE levam em conta o "sexo" da pessoa pesquisada, dividindo entre homens e mulheres. O instituto declara: "A palavra "sexo" refere-se aqui às diferenças biológicas entre homens e mulheres. "Gênero", por sua vez, refere-se às diferenças socialmente construídas em atributos e oportunidades associadas com o sexo feminino ou masculino e as interações e relações sociais entre homens e mulheres. As questões concernentes à orientação sexual e novas identidades de gênero para além de "mulher/feminino" e "homem/masculino" não estão no escopo deste trabalho" Estatísticas de Gênero: Indicadores sociais das mulheres no Brasil - 2ª edição 2021 p.2.

Figura 6 – Taxa de participação na força de trabalho de pessoas com 15 anos ou mais de idade (%)

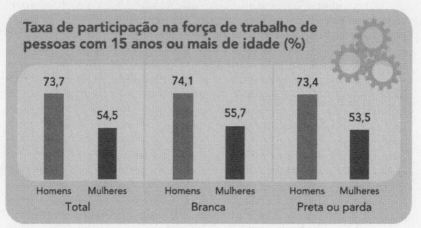

Fonte: IBGE, Pesquisa Nacional por Amostra de Domicílios Contínua 2019.
Nota: Consolidado de primeiras entrevistas.

Fonte: IBGE (2021).

Outro indicador é o nível de ocupação[83] que mede o percentual de pessoas que estão trabalhando na semana de referência em relação às pessoas em idade de trabalhar. Os dados da Figura 7 demonstram o impacto que a presença de crianças de até 3 anos nos lares tem no nível de ocupação das mulheres. Entre aquelas em idade para trabalhar que não possuem crianças de até 3 anos em casa, 67,2% estão ocupadas. Esse percentual cai para 54,6% de mulheres ocupadas quando há crianças de até 3 anos em casa. Todavia, para os homens, o nível de ocupação aumenta: 83,4% dos homens sem crianças de até 3 anos estão trabalhando, enquanto, para os homens com crianças em casa, esse percentual sobe para 89,2%. Ao observar a ocupação de homens e mulheres que vivem com crianças de até 3 anos de idade, a diferença entre eles chega a 34,6 pontos percentuais.

---

83 Segundo o IBGE (2022, p. 35): "São classificadas como ocupadas na semana de referência as pessoas que, nesse período, trabalharam pelo menos uma hora completa em trabalho remunerado em dinheiro, produtos, mercadorias ou benefícios (moradia, alimentação, roupas, treinamento etc.), ou em trabalho sem remuneração direta em ajuda à atividade econômica de membro do domicílio ou parente que reside em outro domicílio, ou, ainda, as que tinham trabalho remunerado do qual estavam temporariamente afastadas nessa semana".

Figura 7 – Nível de ocupação das pessoas de 25 a 49 anos de idade, com ou sem crianças de até 3 anos vivendo no domicílio (%)

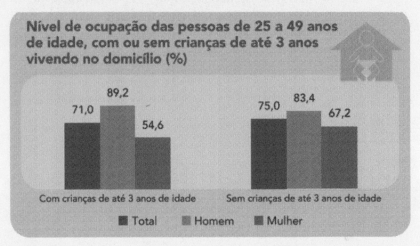

Fonte: IBGE, Pesquisa Nacional por Amostra de Domicílios Contínua 2019.
Nota: Consolidado de primeiras entrevistas.

Fonte: IBGE (2021).

A diferença de gênero também é acentuada pela questão racial: mulheres brancas com crianças de até 3 anos em casa apresentam nível de ocupação de 62,6%, enquanto essa proporção para mulheres negras foi de menos de 50%. Em lares sem a presença de crianças, esses valores foram de 72,8% e 63%, respectivamente (IBGE, 2021). Esses dados demonstram que a presença de filhos pequenos é um obstáculo expressivo para o ingresso das mulheres no trabalho remunerado.

Mesmo quando essas mulheres integram o mercado de trabalho, as atividades em cuidado e os afazeres domésticos impactam na forma de inserção delas, já que há a necessidade de conciliação da dupla jornada entre trabalho remunerado e não remunerado (IBGE, 2021). Por isso, a proporção de mulheres ocupadas em jornadas de meio horário é muito superior à dos homens, e essa disparidade aumenta quando o recorte racial é considerado. De acordo com o IBGE (2021), 13,5% dos homens brancos e 17,2% dos homens negros encontravam-se ocupados em trabalhos de jornadas parciais. Já 23,7% das mulheres brancas e 32,7% das mulheres negras encontravam-se em trabalhos de meia jornada (IBGE, 2021).

A socialização das mulheres para o trabalho de cuidado ainda influencia nas escolhas profissionais, visto que elas se formam mais em cursos relacionados a cuidados e a bem-estar (professoras, assistentes sociais, enfermeiras, entre outras) (IBGE, 2021, p. 12), profissões comumente pouco valorizadas e mal remuneradas.

Além da presença de crianças, "o maior envolvimento no trabalho não remunerado contribui para explicar a menor participação das mulheres no mercado de trabalho" (IBGE, 2021, p. 3). A Figura 8 demonstra que, analisando por gênero e raça, percebe-se, em ordem crescente: homens brancos despendem 10,9 horas semanais em trabalho de cuidado; homens negros, 11 horas; mulheres brancas, 20,7 horas; e mulheres negras, 22 horas. Assim, a categoria "sexo/gênero" é preponderante na diferença de horas em trabalhos não remunerados, dados que comprovam a manutenção da divisão sexual do trabalho.

Figura 8 – Média de horas semanais dedicadas a cuidados de pessoas e/ou afazeres domésticos por pessoas de 14 anos ou mais

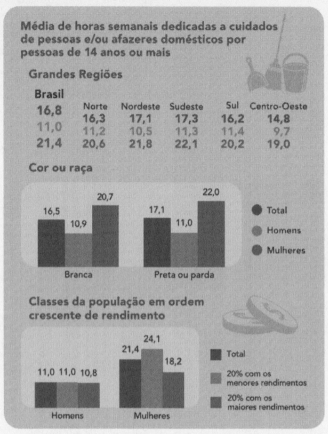

Fonte: IBGE (2021).

Ainda sobre os dados anteriores, ao analisar classe social, novamente não há tanta diferença entre os homens ricos e pobres: despendem 10,8 horas e 11 horas. Já entre as mulheres há uma diferença maior: mulheres entre os 20% mais ricos despendem 18,2 horas, enquanto mulheres dos 20% mais pobres despendem 24,1 horas. Como explica Moreno (2021), mulheres de rendas média e alta podem dispor da mão de obra de outras mulheres para diminuir seu trabalho doméstico, na contratação de faxineiras, e direcionar seu tempo mais aos cuidados de filhos pequenos. Ainda assim, essas mulheres de classe alta gastam

60% a mais de tempo com tarefas do lar e cuidados do que homens de sua classe, o que reforça a tese de que, mesmo nas novas configurações da divisão sexual do trabalho, em que uma mulher de classe alta pode transferir parte de suas tarefas na contratação ou exploração da mão de obra de outras mulheres, os homens continuam incólumes dessa divisão das responsabilidades domésticas (HIRATA; KERGOAT, 2007).

Por fim, analisando os dados referentes a trabalho não remunerado e ocupação, é espantoso notar que, mesmo os homens que não estão trabalhando nem buscando emprego, ainda assim não contribuem no trabalho doméstico e de cuidado, conforme demonstra a Tabela 1.

Tabela 1 – Média de horas dedicadas pelas pessoas de 14 anos ou mais de idade aos afazeres domésticos e/ou às tarefas de cuidado de pessoas (horas), por sexo e situação de ocupação

Ano 2019			
Situação de ocupação na semana de referência	Sexo		
	Total	Homens	Mulheres
Total	16,8	11	21,6
Ocupadas	14,2	10,5	18,6
Não ocupadas	20,2	12	24,2

Fonte: IBGE – Pesquisa Nacional por Amostra de Domicílios Contínua Anual – 5ª visita.

O que todos esses dados sobre trabalho doméstico e de cuidado demonstram é que pouco importa se o homem é branco, negro, rico, pobre, se trabalha ou se não trabalha, os homens despendem as mesmas 11 horas, no máximo 12 horas, de trabalho doméstico e de cuidado semanal, metade da média feminina. Já entre as mulheres, há uma pequena variação entre brancas e negras, mas a diferença maior se dá entre altos rendimentos *versus* baixos rendimentos, e entre mulheres que estão ocupadas e as que não estão ocupadas (desempregadas ou que não estão na força de trabalho), mas em todos os casos, a média de horas das mulheres é muito superior à dos homens da mesma categoria. Novamente, esses dados corroboram a literatura pesquisada sobre a divisão sexual do trabalho e como ela prevalece na sociedade brasileira. Nesse sentido, o relatório *Estatísticas de Gênero: Indicadores sociais das mulheres no Brasil* (IBGE, 2021, p. 12) conclui:

> A responsabilidade quase duas vezes maior por afazeres domésticos e cuidados ainda é fator limitador importante para uma maior e melhor participação no mercado de trabalho, pois tende a reduzir a ocupação das mulheres ou a direcioná-las para ocupações menos remuneradas. Há diferenças que se acentuam na análise conjunta de sexo e cor ou raça, apontando situação de maior vulnerabilidade para as mulheres pretas ou pardas.

Como apontado pelo IBGE, a responsabilidade pelo cuidado é um fator limitante da participação das mulheres no mercado de trabalho, o que parece ser a causa das disparidades nos salários entre mulheres brancas e negras quando comparado a homens brancos e negros. A Figura 9, retirada do *Dossiê Mulheres Negras* (MARCONDES *et. al*, 2013), um dos estudos do Ipea da série "Retratos das Desigualdades de Gênero e Raça", demonstra que os salários, quando analisados por escolaridade, seguem a ordem decrescente: homens brancos, homens negros, mulheres brancas e mulheres negras. Apesar de o fator racial estar intimamente ligado à classe de rendimento, quando se observa o salário por escolaridade, a questão de gênero prepondera, o que parece indicar o peso da responsabilidade pelo cuidado.[84]

---

[84] A autora explica: "Analisando-se apenas os rendimentos do trabalho, a renda das mulheres brancas, no agregado, é maior que a dos homens negros, em parte devido ao maior nível de escolaridade deste grupo, superior até mesmo aos homens brancos. No entanto, a maior escolaridade das mulheres em geral não se converte necessariamente em vantagem na remuneração do trabalho, o que é especialmente demonstrado quando os dados sobre rendimentos são controlados por escolaridade. Nesse caso, o que parece se pronunciar mais nas diferenças de rendimento no trabalho são as desigualdades de gênero. Note-se que os homens negros recebem mais que as mulheres brancas com a mesma escolaridade. No entanto, como há mais mulheres brancas com maior escolaridade, na população geral, elas ganham mais" (SILVA, 2013, p. 119).

Figura 9 – Proporção do rendimento médio mensal no trabalho principal de trabalhadores de 16 anos ou mais de idade em relação ao trabalhador homem branco, segundo sexo, cor/raça e anos de estudo – Brasil (2009) – (em %)

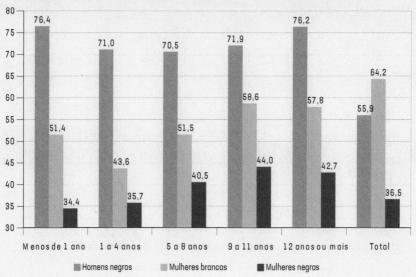

Fonte: microdados da PNAD 2009.
Obs.: a população negra é composta por pretos e pardos.

Fonte: Silva (2013, p. 109).

Em síntese, esses dados brasileiros demonstram que as mulheres gastam o dobro de horas em cuidado e trabalho doméstico que os homens. Ademais, ter filhos pequenos é um fator de grande impacto para as mulheres na sua inserção no mercado de trabalho, o que não acontece com os homens. Devido a essa jornada de trabalho em casa, mulheres estão em menor proporção na força de trabalho e, quando trabalham, geralmente acabam em empregos de meio horário para conciliar a dupla jornada. Ainda, a socialização das mulheres para o cuidado influencia nas suas escolhas profissionais, direcionando-as a profissões ligadas ao cuidado e ao bem-estar, pouco valorizadas e mal remuneradas. Por fim, essa responsabilização pelo cuidado parece explicar por que, quando se analisam os salários por escolaridade, mulheres brancas e negras recebem menos que homens brancos e negros da mesma escolaridade.

Assim, há uma relação direta entre a exploração do trabalho reprodutivo, doméstico e de cuidado desempenhado pelas mulheres e a sua baixa autonomia financeira. Retomando a Conferência de Pequim (art.

47 do Plano de Ação [DECLARAÇÃO..., 1995]), é necessário afirmar que "a rigidez das funções que a sociedade atribui por razões de gênero e o limitado acesso da mulher ao poder, à educação, à capacitação e aos recursos produtivos" são fatores que levam à pobreza feminina.

4.4. LARES BRASILEIROS E CHEFIA DE FAMÍLIA: COMO SÃO AS FAMÍLIAS LIDERADAS POR MULHERES E HOMENS?

O objetivo desta seção é investigar como são os agrupamentos familiares quando são liderados por homens e mulheres, em quais há, por exemplo, prevalência de idosos e crianças, ou presença e ausência de cônjuges, a fim de entender como os agrupamentos influenciam ou reforçam a exploração do trabalho de cuidado desempenhado pelas mulheres.

Todavia, antes de iniciar propriamente a discussão, é necessário esclarecer alguns conceitos utilizados na mensuração desses dados. Para o IBGE (2019, p. 12 e ss.), "domicílio" é a "unidade amostral da pesquisa", que corresponde à moradia. Já "unidade doméstica" ou "unidade de consumo" é sinônimo de família. "Responsável" ou "pessoa de referência da família" se refere ao chefe de família, aquele responsável pelas maiores despesas do lar, como moradia, ou àquele indicado pela família como o responsável.

Por fim, quando a pesquisa indica o sexo da pessoa de referência ser homem ou mulher, isso significa que o chefe da família é homem ou mulher, não significa que só existam homens ou mulheres naquele lar, nem que o único adulto da casa é homem ou mulher, tampouco indica presença ou ausência de cônjuge.

4.4.1. CHEFIA DE FAMÍLIA E TIPOS DE DOMICÍLIOS BRASILEIROS: ANÁLISE DE ACORDO COM SEXO DA PESSOA DE REFERÊNCIA DA FAMÍLIA

Primeiro dado a ser analisado nesta seção é a distribuição de domicílios no Brasil de acordo com o tipo de unidade doméstica e o sexo da pessoa de referência da família. O IBGE define quatro tipos de agrupamentos familiares: unipessoal, nuclear, estendido ou composto, como mostra a Tabela 2.

Tabela 2 – Domicílios, por sexo do responsável e espécie da unidade doméstica

Variável - Distribuição percentual dos domicílios por sexo do responsável em cada espécie de unidade doméstica						
Espécie de unidade doméstica	2012			2021		
	Total	Homens	Mulheres	Total	Homens	Mulheres
Total	100%	64%	36%	100%	52%	48%
Unipessoal	12%	54%	46%	15%	57%	43%
Nuclear	68%	70%	30%	68%	54%	46%
Estendida	18%	49%	51%	16%	39%	61%
Composta	2%	53%	48%	1%	47%	53%

O percentual de chefia de homens e mulheres corresponde à proporção dentro de cada espécie de agrupamento familiar.

Fonte: Elaborada pela autora com base nos dados retirados de ibge.sidra.com IBGE. Pesquisa Nacional por Amostra de Domicílios Contínua, 2012-2019 (acumulado de primeiras visitas), a partir de 2020 (acumulado de quintas visitas).

Primeiro, ao analisar o total de domicílios liderados por homens e mulheres, percebe-se o grande salto no número de mulheres chefes de família, que passou de 36% em 2012 para 48% em 2021, chegando a proporções quase paritárias. Todavia, quando observamos a chefia de família por tipo de agrupamento familiar, há uma discrepância na distribuição de agrupamentos liderados por mulheres e por homens.

A unidade doméstica unipessoal é aquela constituída por uma única pessoa e demonstrou ligeiro aumento dentro do total de domicílios, 12% em 2012 para 15% em 2021. Das pessoas que vivem sozinhas, 57% são homens e 43% são mulheres.

As famílias nucleares[85] são, resumidamente, aquelas constituídas por: um casal; um casal com filho(s); uma pessoa responsável com filho(s) (ou seja,

---

85 O IBGE define: "Assim, é definida como nuclear a unidade doméstica constituí-da somente por:

• Pessoa responsável com cônjuge;

• Pessoa responsável com cônjuge e com pelo menos um(a) filho(a) ou enteado(a);

• Pessoa responsável com pelo menos um(a) filho(a) ou enteado(a);

• Pessoa responsável com pai ou padrasto e com mãe ou madrasta;

• Pessoa responsável com pai ou padrasto, com mãe ou madrasta, e com pelo menos um irmão ou irmã;

mãe ou pai solo); pessoa responsável e seu pai e/ou mãe, com ou sem a presença de irmãos. Ou seja, são lares em que as relações são de conjugalidade e/ou ascendência e/ou descendência de primeiro grau, com ou sem horizontalidade (irmãos), convivendo uma ou no máximo duas gerações.

A dificuldade dessa abordagem metodológica do IBGE é que as unidades nucleares agrupam tanto aquelas famílias ditas "tradicionais", em que há presença de ambos os genitores e seus dependentes, quanto famílias de mães e pais solo; contêm ainda tanto as famílias constituídas por um casal sem dependentes quanto agrupamentos familiares nos quais há um ou mais adultos com pai e/ou mãe possivelmente idosos. Visivelmente, esses tipos de família podem representar situações econômicas muito distintas entre si.

As unidades nucleares seguem sendo majoritárias nos lares brasileiros (68%). Todavia, houve grande transformação nas chefias de família dessa categoria: as mulheres passaram de 30% de chefes de família contra 70% de homens chefes de família em 2012, para uma proporção mais equânime em 2021, em que 54% desses lares são chefiados por homens e 46% são chefiados por mulheres.

As famílias estendidas, por sua vez, antes chamadas de conviventes, são aquelas constituídas por um ou mais núcleos familiares que não se enquadram no contexto de família nuclear, como: uma família constituída por pai ou mãe com filho e outro parente, como sobrinho; um casal em que um dos filhos se casa e continua morando com a família; agrupamentos familiares nos quais há presença de avós, pais e filhos. São agrupamentos em que, na maioria das vezes, por necessidade, convivem três ou até quatro gerações. É nas famílias estendidas que encontramos a maior proporção de mulheres chefes de família (61% contra 39% de liderança masculina).

Em síntese, esses dados apontam que a liderança feminina nas famílias continua crescendo, chegando a níveis quase paritários em 2021. Todavia, essa distribuição não é equânime entre as unidades familiares.

• Pessoa responsável com pai ou padrasto;

• Pessoa responsável com mãe ou madrasta;

• Pessoa responsável com pai ou padrasto e com pelo menos um irmão ou irmã; ou

• Pessoa responsável com mãe ou madrasta e com pelo menos um irmão ou irmã".

Em relação à distribuição da chefia de homens e de mulheres, nas famílias estendidas, mulheres são liderança, enquanto nos lares nucleares e nos unipessoais, há maior presença da liderança masculina. Tal fato pode indicar que a chefia de mulheres se concentra em lares "menos tradicionais" e possivelmente mais precários, nos quais convivem, por necessidade, várias gerações no mesmo domicílio.

4.4.2. A COMPOSIÇÃO DAS FAMÍLIAS E A PRESENÇA DE CRIANÇAS E IDOSOS NOS LARES BRASILEIROS

O objetivo desta seção é entender se há padrões diferentes na composição das famílias chefiadas por homens e das famílias chefiadas por mulheres, visto que a composição familiar, com presença de crianças e/ou idosos, relaciona-se ao trabalho de cuidado e à distribuição dos gastos de uma família.

Em pesquisa inédita que analisou os agrupamentos familiares brasileiros por sexo e raça da pessoa de referência, interseccionalmente, de acordo com a última POF (2017-2018), Ana Luiza Barbosa *et al.* (2022) investigaram a presença de crianças, idosos, cônjuge, entre outros, nas famílias chefiadas por homens brancos, homens negros, mulheres brancas e mulheres negras, conforme Tabela 3.

Ao analisar a presença ou ausência de crianças, observa-se que em 62,4% dos lares chefiados por homens brancos e em 67,51% dos lares chefiados por mulheres brancas não há presença de crianças. Essa proporção diminui quando são analisados os lares de chefia negra, visto que em 55,03% dos domicílios chefiados por homens negros e em 54,36% daqueles chefiados por mulheres negras não há presença de idosos. Ou seja, os lares onde há maior presença de criança são chefiados por mulheres negras, depois por homens negros, seguido de homens por brancos e, por último, mulheres brancas. Essa ordem também segue nos lares onde há a presença de crianças e ausência de idosos; percebe-se, novamente, uma preponderância do fator racial.

Todavia, ao observar os lares com presença de idosos, em que pode haver, concomitantemente, a presença ou não de crianças, há um predomínio da liderança de mulheres brancas: em quase 1/3 dos lares chefiados por mulheres brancas há a presença de idosos, em cerca de 25% dos lares chefiados por mulheres negras e homens brancos há presença de idosos e apenas em cerca de 19% daqueles chefiados por homens negros há presença de idosos.

A disparidade maior de gênero acontece em relação à presença de cônjuge: em 25,6% dos lares chefiados por homens brancos e em 20,38% daqueles liderados por homens negros há presença de cônjuge. Todavia, em apenas 12,19% dos lares chefiados por mulheres brancas e em 9,32% dos domicílios chefiados por mulheres negras há presença de cônjuge. Esses dados demonstram que as mulheres contam com muito menos presença de parceiros para auxiliar nas despesas do lar e no trabalho doméstico e de cuidado.

Por fim, os dados relativos à renda e às transferências sociais reforçam a ligação entre classe social e raça, conforme também demonstrado no capítulo 3. Os domicílios que têm menor renda total *per capita* são chefiados por mulheres negras (R$ 1.319,55) e por homens negros (R$ 1.443,35), em oposição aos domicílios chefiados por mulheres brancas (R$ 2.453,90) e por homens brancos (R$ 2.649,18). Essa ordem também é observada no recebimento de transferências sociais: 28,57% dos lares liderados por mulheres negras e 23,2% daqueles chefiados por homens negros recebem algum tipo de transferência social, proporção duas vezes maior que em domicílios chefiados por pessoas brancas, em que 13,56% dos domicílios chefiados por mulheres brancas e apenas 11,76% chefiados por homens brancos recebem benefícios assistenciais.

Tabela 3 – Características do chefe e da estrutura familiar por sexo e raça do chefe da família: Brasil, 2017-2018

Características familiares	Homens brancos	Homens negros	Mulheres brancas	Mulheres negras
Famílias sem crianças (%)	62,4	55,03	67,51	54,36
Famílias com crianças e sem idosos (%)	34,57	41,18	28,37	39,49
Famílias com idosos (%)	24,55	18,92	32,6	26,16
Que possuem cônjuge (%)	25,6	20,38	12,19	9,32
Total de moradores no domicílio (%)	2,99	3,2	2,68	3,19
Domicílios que recebem transferências sociais (%)	11,76	23,2	13,56	28,57
Renda total domiciliar *per capita* (R$)	2.649,18	1.443,35	2.453,90	1.319,55

Notas: (1) Crianças são definidas como pessoas entre 0 e 14 anos de idade e idosos encontram-se acima de 65 anos de idade; (2) os valores em R$ são registrados a preços de janeiro de 2018 segundo o IPCA geral.
Fonte: POF 2017-2018/IBGE. Elaboração: Barbosa *et al* (2022). Retirado de: https://enep.sep.org.br/uploads/2087_1647181932_Versão_identificada_Consumo_das_famílias_brasileiras-_um_olhar_de_gênero_e_raça_pdf_ide.pdf.

Em síntese, nos lares chefiados por mulheres brancas, cerca de 32% têm presença de crianças e 32,6% têm presença de idosos – com ou sem crianças –, mas em quase 88% deles não há presença de cônjuge. Já nos lares chefiados por mulheres negras, em mais de 45% deles há presença de crianças e em 26% deles há presença de idosos – com ou sem crianças –, mas em mais de 90% não há presença de cônjuge, e esses lares ainda contam com o agravante de terem, em média, metade da renda total *per capita* quando comparados aos domicílios liderados por mulheres brancas. Desse modo, apesar das diferenças, esses lares de chefia feminina têm como semelhança as mulheres viverem, de modo geral, uma liderança solitária, em que raramente há presença de cônjuges, enquanto os lares chefiados por homens contam com quase o dobro da presença de cônjuges para dividir custos e responsabilidades.

4.4.3. DIFERENÇAS DE GÊNERO NA REALIZAÇÃO DE COMPRAS NO DOMICÍLIO

As pesquisas que avaliam as diferenças de padrões de consumo dentro do lar são raras[86]. Todavia, como já apontava Stotsky (1996), supor que homens e mulheres dentro do lar tenham o mesmo comportamento de consumo para otimizar os gastos é um mito. Também de acordo com o relatório da OECD (2022) e da ONU Mulheres (LAHEY, 2018), há uma tendência de as mulheres se encarregarem da subsistência do lar.

O IBGE elenca diversas atividades como afazeres domésticos. Entre elas, temos a compra ou pesquisa de bens para o domicílio, como mostra a Tabela 4.

---

86 Não foi encontrada nenhuma pesquisa do IBGE referente a essas diferenças de consumo entre homens e mulheres dentro do lar.

Tabela 4 – Pessoas de 14 anos ou mais de idade que realizaram afazeres domésticos no próprio domicílio, por sexo, condição no domicílio e tipo de afazer doméstico

	Ano × Sexo × Condição no domicílio			
	2019			
	Homens		Mulheres	
Tipo de afazer doméstico selecionado	Responsável em coabitação	Cônjuge ou companheiro	Responsável em coabitação	Cônjuge ou companheiro
Fazer compras ou pesquisar preços de bens para o domicílio	81,4%	79,1%	85,9%	83,6%

Fonte: Elaborada pela autora com base em IBGE – Pesquisa Nacional por Amostra de Domicílios Contínua Anual – 5ª visita.

Considerando agrupamentos heterossexuais, nos lares em que o homem é o responsável, ou seja, chefe de família, em coabitação com uma mulher, 81,4% dos homens fazem compras ou pesquisam preços de bens para o domicílio, enquanto as mulheres, na situação de cônjuge ou companheira, 83,6% delas realiza essa tarefa. Ou seja, quando o homem é provedor e a mulher é companheira, mais mulheres realizam a compra de bens para o lar. Na situação oposta, quando a mulher é a chefe de família e o homem é o companheiro em coabitação, a discrepância aumenta: 85% delas realizam a tarefa de compras para o domicílio *versus* 79,1% dos homens. Assim, esses valores indicam que a tarefa de fazer compras para o domicílio tem uma preponderância feminina.

4.5. CONSIDERAÇÕES FINAIS

A literatura da primeira seção demonstrou como a origem da opressão feminina se funda na divisão sexual do trabalho, que delega aos homens a esfera do trabalho produtivo, remunerado e valorizado, e às mulheres a esfera do trabalho reprodutivo, não remunerado e desvalorizado. Apesar de esses estudos remontarem aos movimentos feministas do final do século XIX e início do século XX e terem sido posteriormente retomados na década de 1970, os dados empíricos brasileiros indicam que o trabalho não remunerado de cuidado continua sendo uma tarefa hegemonicamente desempenhada pelas mulheres, o que tem impactos na inserção delas no mercado de trabalho e, por consequência, em sua autonomia econômica feminina. Apesar de essas desigualdades serem intrinsecamente vinculadas à questão de gênero, essas disparidades são ainda mais agravadas quando se levam em conta o gênero e a raça, demonstrando que mulheres negras se encontram em situação ainda mais precária, com menos rendimentos e mais dificuldade de acesso ao mercado de trabalho formal.

Em relação aos agrupamentos familiares, restou claro que mulheres brancas e negras chefes de família contam, de um lado, com maior presença de idosos e crianças, respectivamente, e menor presença de cônjuges, o que reitera a literatura sobre a responsabilização do cuidado sobre as mulheres. Todos esses dados confirmam a importância dos dados desagregados por gênero e raça e de uma análise interseccional. O próximo capítulo investigará como a imposição do trabalho de cuidado impacta nos gastos das mulheres chefes de família.

CAPÍTULO 5

ANÁLISE DAS DESPESAS FAMILIARES COM OLHAR SOBRE CLASSE, GÊNERO E RAÇA

Como visto no capítulo 2, tanto o trabalho pioneiro de Janet Stotsky (1996) quanto os relatórios da UN Women (2018) e da OECD (2022) já apontavam para a possível existência de vieses de gênero na tributação gerados pelos diferentes padrões de consumo de homens e mulheres. Essa diferença de padrões de consumo, como demonstrado no capítulo 4, decorre da imposição do trabalho de reprodução social para mulheres. Por serem elas as responsáveis, em uma lógica patriarcal, pelo trabalho doméstico e de cuidado no lar, tem-se, como consequência, padrões de consumo distintos para homens e mulheres. Nesse sentido, o ICTD afirma:

> Há evidências substanciais mostrando que as mulheres tendem a gastar mais da renda sob seu controle em bens que contribuem para a reprodução social do trabalho, incluindo saúde, educação, alimentação e cuidados com crianças e idosos. Alterações no preço desses bens (devido a políticas fiscais) podem levar à redução do consumo, substituição de bens de melhor qualidade por outros de qualidade inferior ou produção doméstica desses bens no domicílio pelas mulheres (aumentando assim a carga de cuidados não remunerados) (JOSHI, 2017, p. 2)[87].

---

87 "There is substantial evidence showing that women tend to spend more of the income under their control on goods that contribute to the social reproduction of labour, including healthcare, education, food, and care of children and the elderly. Changes in the price of these goods (due to tax policies) can lead to a reduction in consumption, substitution of better quality goods by inferior ones, or to domestic production of these goods within the household by women (thus increasing the burden of unpaid care)."

Partindo dessas constatações, este capítulo pretende investigar se tais diferenças nos padrões de consumo podem ser vistas empiricamente nos lares brasileiros.

Importante reiterar que pesquisas empíricas para investigar padrões de consumo de homens e mulheres dentro do lar são extremamente raras (STOTSKY, 1996). Diante da dificuldade de apurar essas diferenças, visto que nem sempre há uma nítida separação no orçamento de homens e mulheres dentro do lar, é difícil medir quais gastos são exclusivamente de mulheres dentro do lar e quais gastos são realizados exclusivamente por homens. Todavia, a POF do IBGE é a única pesquisa disponível para avaliar esses parâmetros e pode indicar padrões de gênero nos gastos quando a família é chefiada por homens e quando a família é chefiada por mulheres.

Assim, este capítulo contará com análise das despesas sob três perspectivas, correspondentes às seções 5.1, 5.2 e 5.3: a primeira tem em vista as despesas familiares por extremos de classe de rendimento, com dados publicados pelo IBGE. Já a segunda seção será constituída da análise de dados das despesas familiares por sexo/gênero da pessoa de referência da família, ou seja, análise dos gastos quando uma família é chefiada por uma mulher *versus* quando uma família é chefiada por um homem. Por fim, a terceira análise será interseccional e examinará os gastos das famílias chefiadas por homens brancos, homens negros, mulheres brancas e mulheres negras.

Todavia, antes de iniciar propriamente a análise dos dados, é necessário dar uma breve explicação sobre a terminologia utilizada pelo IBGE para destrinchar as despesas familiares, termos esses que serão utilizados ao longo deste capítulo.

De acordo com o IBGE (2020), as despesas familiares se decompõem da forma ilustrada na Figura 10.

Figura 10 – Classificação das despesas segundo o IBGE

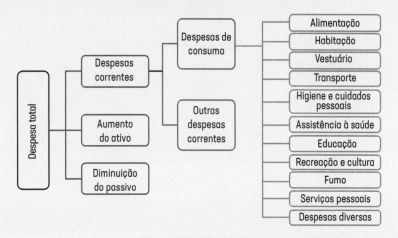

Fonte: Elaborada pela autora com base em IBGE (2020).

Segundo a metodologia adotada pelo instituto, as despesas são classificadas em três categoriais: "despesas correntes", "aumento do ativo" e "diminuição do passivo". As despesas correntes, por sua vez, são separadas em "despesas de consumo" e "outras despesas correntes". Por fim, as despesas de consumo são divididas em onze categorias (de alimentação à categoria despesas diversas) e ainda possuem diversas subcategorias; todavia, por questão de visualização, não foram apresentadas na figura acima, mas serão abordadas neste capítulo.

Nas tabelas 5 e 6, todas as onze categorias de despesas de consumo foram exibidas, todavia, apenas algumas subcategorias de cada uma foram apresentadas, tendo em vista a extensão da tabela completa. A escolha por quais subcategorias ocultar e quais exibir foi feita pela maior diferença de despesa entre sexo e/ou cor. As duas tabelas de gênero e sexo e cor contam com as mesmas subcategorias, a fim de facilitar a comparação entre elas.

5.1. ANÁLISE DAS DESPESAS FAMILIARES POR CLASSE DE RENDIMENTO

Nesta seção, analisaremos como são os gastos das famílias de faixas extremas de rendimento, tendo em vista os gastos mensais médios das famílias que vivem com até dois salários mínimos (SM) (à época, R$ 1.908 reais) *versus* as famílias que vivem com mais de 25 SM (à época, R$ 23.850 reais), obtidos pelo (IBGE (2019c) na última POF (2017-2018)[88].

De acordo com a pesquisa, as famílias de renda mensal de até dois SM gastam quase a totalidade da renda (92,6%) com despesas de consumo, aquelas necessárias à subsistência do lar, e, por consequência, resta pouquíssimo para o aumento do ativo ou a diminuição do passivo. Já para as famílias de renda mensal superior a 25 SM, apenas 66,3% é gasto com despesas de consumo, por isso parcela relevante da renda pode ser destinada ao aumento do ativo. A Figura 11 ajuda a visualizar o tamanho dessa disparidade.

---

88 Importante destacar que, à revelia do senso comum, as famílias de classe baixa são menos numerosas que as famílias de classe alta. Em média, as famílias que vivem com até dois SM são compostas de 2,72 pessoas, e as famílias que vivem com mais de 25 SM são compostas de 3,07 pessoas (IBGE, 2019c).

Figura 11 – Distribuição da despesa das famílias por faixa de rendimento

Distribuição da despesa das famílias por faixa de rendimento

Fonte: Pesquisa de Orçamentos Familiares 2017-2018

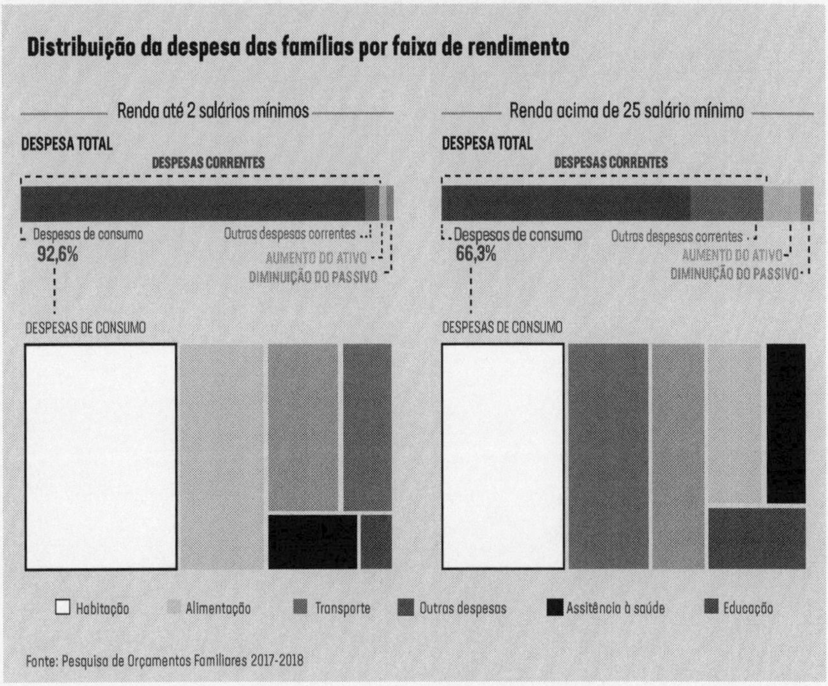

Fonte: POF 2017-2018 (IBGE, 2019b)[89].

Ao destrinchar as despesas de consumo, observamos que gastos essenciais, como habitação e alimentação, representam diferentes proporções no orçamento das famílias ricas e no das pobres. A pesquisa aponta que as famílias que vivem com até dois SM gastam mais de 60% de renda apenas com essas categorias (39,2% da despesa total é gasto com habitação e 22% com alimentação). Já para as famílias que ganham mais de 25 SM, habitação e alimentação correspondem a apenas 30,2% de seus gastos totais (sendo 7,6% com alimentação e 22,6% com habitação).

Em valores absolutos, o gasto das famílias com rendimentos maiores que 25 SM com alimentação (R$ 2.061,34) é mais de seis vezes o valor gasto (R$ 328,74) pelas classes com rendimentos de até 2 SM. Outra diferença relevante é que as famílias dos estratos mais baixos de renda

---

89 Disponível em: https://agenciadenoticias.ibge.gov.br/agencia-sala-de-imprensa/2013-agencia-de-noticias/relea ses/25598-pof-2017-2018-familias-com-ate-r--1-9-mil-destinam-61-2-de-seus-gastos-a-alimentacao-e-habitacao. Acesso em: 20 mar. 2023.

gastam quase 80% do valor de alimentação no domicílio e apenas 20% fora do lar. Já os gastos em alimentação do estrato mais rico, metade é realizada no domicílio e a outra metade fora.

Os dados também apontam outra grande diferença, decorrente dos gastos com transporte. Enquanto as famílias de maior renda gastam 15,3% do total em transporte, sendo apenas 0,4% em transporte urbano e 7,5% em aquisição de veículos, as famílias mais pobres gastam 9,4% em transporte, sendo 2,1% em transporte urbano e apenas 2,3% em aquisição de veículos.

Outro dado relevante é que a participação das despesas de assistência à saúde foi similar para esses dois extremos de classe: 5,9% do total de gastos das famílias de até dois SM se deu com essa categoria, proporção similar à das famílias de renda acima de 25 SM, de 5,6%. Todavia, a composição desses gastos é muito diferente. Para a classe mais pobre, os remédios representam 4,2% do total das despesas ou, comparativamente, 70% dos gastos da categoria "saúde". Já para a classe mais rica, o gasto em medicamentos representa apenas 1,4% do dispêndio total, já os gastos com plano de saúde representam 2,9% do total ou, comparativamente, mais da metade dos gastos de saúde.

Em resumo, a análise das despesas por classe de rendimento corrobora as conclusões encontradas no capítulo 3. Como os rendimentos das famílias mais pobres são gastos quase na totalidade em despesas de consumo para subsistência, e, como visto, suscetíveis a uma alta carga tributária, esses dados reforçam o impacto da regressividade tributária sobre os mais pobres. Já para as famílias ricas, as despesas com consumo têm menos relevância no orçamento, o que possibilita que essas famílias poupem mais, invistam e acumulem bens, que, também como visto anteriormente, sofrem com uma incidência de tributos diretos menor que a de tributos indiretos.

Além disso, como visto no capítulo 3, esses estratos de renda têm diferentes proporções de homens e mulheres, pessoas brancas e negras. Nos estratos mais baixos de renda, há uma super-representação de mulheres negras e pouca presença de homens brancos. Já no topo da pirâmide da renda, a composição é quase hegemônica de homens brancos. Tal fato reforça que as análises sobre renda não podem se isolar das análises sobre gênero e raça, visto que gênero e raça conformam classe social, sendo elementos inseparáveis. Assim, a regressividade que atinge as pessoas de classe mais baixa tem, novamente como exposto, também um elemento de discriminação de raça e gênero.

5.2. ANÁLISE DAS DESPESAS FAMILIARES POR SEXO/ GÊNERO DA PESSOA DE REFERÊNCIA DA FAMÍLIA

Como abordado, diversos trabalhos denunciam as diferenças de padrões de consumo como resultado do trabalho de reprodução social desempenhado pelas mulheres. Nesse sentido, o relatório de Kathleen Lahey, "Gender, Taxation and Equality in Developing Countries: Issues and Policy Recommendations", para UM Women também destaca essa diferença nos gastos decorrente da imposição de papéis de gênero:

> [...] as mulheres responsáveis por sustentar-se e outras pessoas têm maiores despesas com moradia, transporte, assistência médica, educação, cuidados pós-escolares, alimentos preparados ou servidos, ingredientes nutricionais básicos e itens de higiene pessoal (LAHEY, 2018, p. 50, tradução nossa)[90].

As publicações do IBGE referentes aos resultados da POF 2017-2018 divulgaram as despesas por sexo da pessoa de referência e encontraram que nas famílias chefiadas por mulheres a despesa total *per capita* (R$ 1.524,17) é 12,4% menor do que em famílias que têm homens como pessoa de referência (R$ 1.764,73). Entretanto, a publicação apresenta tabelas apenas com valores absolutos e somente as grandes categorias de despesa de consumo, o que inviabiliza uma análise adequada dos diferentes padrões de gênero nos gastos. Primeiro, porque, devido às diferenças de renda entre homens e mulheres, a melhor forma de comparar seus gastos é valia-los proporcionalmente, com o percentual que cada família gasta naquelas categorias em relação à sua renda. Segundo, analisar apenas as grandes categorias pode obscurecer as diferenças de gênero dentro delas, como se observa, por exemplo, nas categorias "transporte" e "saúde".

---

90 "In addition, women with responsibility for supporting themselves and others have higher expenses for housing, transportation, health care, education, afterschool care, prepared or served foods, basic nutritional ingredients, and personal care items."

Dessa forma, foram elaboradas[91] as tabelas a seguir para analisar a média de gastos das famílias quando elas são chefiadas por homens ou por mulheres e, na seção seguinte, por gênero e raça interseccionalmente. A mensuração se dá sobre a média de gastos de uma família chefiada por homens *versus* a média de gastos de uma família chefiada por mulheres.

Todavia, é importante explicar que não se trata da diferença de gastos individuais de homens e mulheres, nem significa que existam apenas mulheres ou homens no lar. Tampouco indica presença ou ausência de cônjuge, ou significa que é o homem ou a mulher chefe de família que pessoalmente realiza esses gastos. Infelizmente, não foram encontradas pesquisas empíricas referentes às diferenças de comportamento econômico intrafamiliar. Apesar dessas ressalvas, as tabelas aqui apresentadas são, até agora, a melhor possibilidade de analisar os diferentes padrões de gênero no consumo no Brasil[92].

O objetivo desta seção é investigar a diferença nas despesas quando uma família é chefiada por homens e quando uma família é chefiada por mulheres, por meio da análise da Tabela 5:

---

91 Até novembro de 2022, o IBGE ainda não havia publicado em nenhum livro ou disponibilizado no Sistema IBGE de Recuperação Automática (SIDRA) os dados referentes à distribuição percentual das despesas por sexo ou por raça da pessoa de referência da família. Os microdados, todavia, são sempre públicos, mas somente por meio de linguagem R é possível lê-los, o que restringe o acesso às ciências humanas que não estão habituadas à programação. Assim, reitero os agradecimentos a Pedro Rubin por fazer a extração desses dados, sem os quais este capítulo seria inviabilizado.

92 Destaca-se a necessidade de um estudo que analise as diferenças de gênero e raça dentro de cada classe, examinando os gastos das famílias chefiadas por homens brancos, homens negros, mulheres brancas e mulheres negras dentro da mesma classe, tomando, pelo menos, três estratos de classe – mais pobres, setor médio e mais ricos –, para, ao isolar a diferença de renda, mapear os diferentes padrões de consumo de homens e mulheres, brancos e negros, e suas interseccionalidades.

Tabela 5 – Distribuição da despesa monetária e não monetária média *per capita* por sexo da pessoa de referência da família, segundo os tipos de despesa (%) – POF 2017-2018

Tipos de despesa selecionados	Distribuição da despesa monetária e não monetária familiar *per capita* mensal, por características selecionadas da pessoa de referência da família (%) Brasil		
	Sexo da pessoa de referência		
	Homem	Mulher	Comparação entre mulheres e homens*
DESPESA TOTAL	100,00%	100,00%	
DESPESAS CORRENTES	92,2%	93,5%	1,4%
DESPESAS DE CONSUMO	79,8%	83,0%	4,0%
ALIMENTAÇÃO	13,9%	14,7%	5,9%
HABITAÇÃO	28,0%	32,4%	15,7%
Aluguel	14,2%	16,6%	16,6%
Serviços e taxas	7,0%	8,1%	15,5%
Energia elétrica	2,3%	2,7%	16,5%
Gás doméstico	0,8%	0,9%	24,0%
Água e esgoto	0,9%	1,2%	28,3%
Manutenção do lar	2,5%	3,0%	19,9%
Artigos de limpeza	0,5%	0,5%	12,5%
Mobiliário e artigos do lar	1,4%	1,5%	9,6%
Eletrodomésticos	1,3%	1,4%	8,1%
VESTUÁRIO	3,3%	3,6%	8,6%
Roupa de homem	0,9%	0,7%	-22,3%
Roupa de mulheres	0,9%	1,3%	36,6%
Roupa de criança	0,5%	0,5%	1,7%
Tecidos e armarinho	0,0%	0,0%	34,5%
TRANSPORTE	15,8%	12,5%	-21,3%
Urbano	1,1%	1,7%	51,7%
Gasolina - veículo próprio	3,4%	2,5%	-25,8%
Manutenção e acessórios	1,9%	1,4%	-24,8%
Aquisição de veículo	6,2%	4,4%	-30,0%
HIGIENE E CUIDADOS PESSOAIS	2,8%	3,2%	14,8%
Perfume	0,8%	0,9%	14,5%
Produtos para cabelo	0,3%	0,4%	27,6%

Sabonete	0,2%	0,2%	14,2%
Instrumentos e produtos de uso pessoal	1,5%	1,7%	12,1%
ASSISTÊNCIA À SAÚDE	6,2%	7,0%	13,6%
Remédios	2,7%	3,3%	25,2%
Plano seguro saúde	2,1%	2,0%	-6,3%
EDUCAÇÃO	3,9%	3,5%	-9,6%
Cursos regulares	1,3%	1,0%	-27,5%
Cursos superiores	1,1%	1,0%	-9,9%
Livros didáticos e revistas técnicas	0,2%	0,3%	26,2%
Artigos escolares	0,2%	0,2%	4,4%
RECREAÇÃO E CULTURA	2,1%	2,1%	1,8%
FUMO	0,3%	0,4%	22,2%
SERVIÇOS PESSOAIS	1,0%	1,2%	17,6%
DESPESAS DIVERSAS	2,5%	2,3%	-5,0%
OUTRAS DESPESAS CORRENTES	12,4%	10,6%	-14,8%
Impostos	5,1%	3,9%	-22,3%
Contribuições trabalhistas	3,6%	3,2%	-12,2%
Previdência privada	0,3%	0,2%	-12,7%
AUMENTO DO ATIVO	4,5%	3,2%	-28,6%
Imóvel (aquisição)	3,1%	2,0%	-36,5%
Outros investimentos	0,0%	0,0%	-48,8%
DIMINUIÇÃO DO PASSIVO	3,2%	3,2%	-0,7%
Empréstimo	2,3%	2,5%	10,3%
Prestação de imóvel	1,0%	0,7%	-26,3%

Algumas subcategorias foram ocultadas devido à extensão total da tabela.
Os valores foram arredondados automaticamente para uma casa decimal.
* A coluna se refere à diferença proporcional entre as despesas de famílias chefiadas por mulheres e as despesas das famílias chefiadas por homens. Os valores positivos indicam categorias em que as famílias chefiadas por mulheres gastam mais que nas chefiadas por homens. Já os valores negativos apontam para categorias em que as famílias chefiadas por homens gastam mais que aquelas de liderança feminina.
Fonte: Elaborada pela autora com base nos microdados da POF 2017-2018, extraídos por Pedro Rubin.

Analisando primeiro as categorias de despesas correntes ("despesas de consumo", "aumento do ativo" e "diminuição do passivo"), percebe-se que as famílias chefiadas por mulheres gastam mais em despesa de consumo (83%) que aquelas lideradas por homens (79,8%). Já as famílias chefiadas por homens despendem mais com aumento do ativo (4,5%) que as chefiadas por mulheres (3,2%), especialmente no que tange à compra de imóveis: lares chefiados por eles despendem 3,1% do total de suas despesas com aquisição de imóveis, enquanto domicílios liderados por mulheres gastam apenas 2% do total. Por fim, em relação à diminuição do passivo, percebe-se que, enquanto os lares masculinos concentram esses gastos em pagamento de prestação de imóvel, os lares de chefia feminina gastam ligeiramente mais com pagamento de empréstimo. Dessa feita, a análise comparativa das despesas correntes mostra o seguinte padrão de gênero: lares chefiados por mulheres gastam 4% mais em despesas de consumo e 28,6% menos em aumento do ativo, com destaque para 36% menos em aquisição de imóveis, que lares chefiados por homens.

Observando as categorias de despesas de consumo, é possível identificar também diferenças de gênero: famílias chefiadas por mulheres gastam mais com alimentação (cerca de 6% a mais) e com habitação (15,7% a mais), incluso aluguel (16,6% a mais).

Dentro da categoria "habitação", há também diferenças relevantes nos gastos com serviços e taxas, visto que famílias chefiadas por mulheres gastam, comparativamente, 16,5% a mais com energia elétrica, 24,0% a mais com gás doméstico e 28,3% a mais com água e esgoto do que as famílias chefiadas por homens. Essas categorias foram apontadas por Diane Elson (1987) como aquelas que geravam horas de trabalho não remunerado para as mulheres. Como vemos, não só horas de trabalho, mas também despesas. Ainda dentro da categoria "habitação", lares de chefia feminina gastam 20% a mais que os lares chefiados por homens em manutenção do lar.

Na categoria "vestuário", é interessante notar que não há diferença relevante nos gastos totais nem nos gastos com roupas de criança. Todavia, há uma variação de despesas com tecidos e armarinho, com mulheres gastando proporcionalmente mais[93].

Uma diferença relevante nos padrões de despesa se dá com transporte. Famílias que têm homens como pessoa de referência gastam mais em transporte que aquelas que têm mulheres como pessoa de referência.

---

93 A diferença de 34,5% ocorre porque os lares de chefia masculina gastam 0,035% do total com tecidos e armarinho, e os lares chefiados por mulheres gastam 0,047%. Os valores na Tabela 5 constam 0 porque foram automaticamente arredondados para uma casa decimal.

Entretanto, quando observamos os valores das subcategorias, vemos que famílias de liderança feminina gastam 50% mais que aquelas de liderança masculina com transporte público urbano, 25% menos com gasolina para veículo próprio e 30% menos com aquisição de veículos.

Na categoria "higiene e cuidados pessoais", também vemos diferença nos padrões de consumo entre famílias chefiadas por homens e famílias chefiadas por mulheres: estas gastam 14,8% a mais nessa categoria. Vale destacar que analisar apenas a categoria "higiene", que engloba tanto bens supérfluos, como perfumes, quanto bens essenciais, como sabonete, pasta de dente e absorventes, pode ocultar diferenças de gênero nos padrões de consumo em relação aos gastos com subsistência. Observando as subcategorias, vemos que as famílias chefiadas por mulheres gastam mais com produtos para cabelo (cerca de 28% a mais), sabonete (14% a mais) e instrumentos e produtos de uso pessoal (12% a mais), subcategoria que inclui absorventes.

Também na categoria "saúde", as subcategorias mostram um padrão de gênero distinto: enquanto os lares chefiados por homens gastam ligeiramente mais com plano de saúde (6,3%), os lares femininos gastam 25% a mais com remédios e 6,3% menos com plano de saúde que os lares chefiados por homens, o que reforça a tese de que a imposição do trabalho de cuidado para as mulheres leva a diferentes padrões de gênero nos gastos.

Outra diferença observada nas subcategorias ocorre na categoria "educação": vemos que lares masculinos gastam mais com cursos regulares e superiores, enquanto lares chefiados por mulheres gastam mais com livros didáticos.

Por último, a categoria "outras despesas correntes" demonstra que lares de chefia masculina gastam mais com previdência privada e com pagamento de impostos diretos, o que é esperado devido aos lares chefiados por homens auferirem maior renda e possuírem mais bens móveis e imóveis.

Em síntese, esses dados demonstram que famílias chefiadas por mulheres gastam mais com alimentação; habitação, incluindo aqui aluguel, energia elétrica, gás, água, artigos de limpeza; transporte público; higiene, incluindo aqui sabonete e instrumentos de uso pessoal; saúde, com destaque para gastos com medicamentos; e livros didáticos em educação. Os lares chefiados por homens, em contrapartida, gastam mais com transporte, com destaque para gasolina e aquisição de veículo; planos de saúde; cursos regulares em educação; aumento do ativo, com destaque para aquisição de imóveis; e diminuição do passivo, com relevância em prestação de imóvel.[94]Precisamente como denunciado na literatura, as mulheres responsáveis por sustentar a si e a outros gastam mais com a subsistência da família e a manutenção da vida. Esses diferentes padrões de despesa reforçam a hipótese deste trabalho de que a imposição do trabalho doméstico e de cuidado para as mulheres gera não apenas uma enorme carga de trabalho não remunerado, mas também gastos decorrentes desse trabalho de reprodução social, o que confirma a possibilidade de um viés implícito de gênero na tributação brasileira.

5.3. ANÁLISE DAS DESPESAS DE FAMÍLIAS CHEFIADAS POR HOMENS BRANCOS, HOMENS NEGROS, MULHERES BRANCAS E MULHERES NEGRAS

Por último, passemos à análise dos gastos familiares por sexo e cor, interseccionalmente, da pessoa de referência da família[95], como mostra a Tabela 6. O estudo de Barbosa *et al.* (2022) sobre a mesma base de dados (POF 2017-2018) indicou que a renda total domiciliar *per capita* de lares chefiados por homens brancos é de R$ 2.649,18; por homens negros, de R$ 1.443,35; por mulheres brancas, de R$ 2.453,90; e por mulheres negras, de R$ 1.319,55. Ou seja, a renda *per capita* dos lares chefiados por mulheres negras é metade da renda de lares de homens brancos.

---

94 Assim, mesmo os estudos econômicos, como o de Vieceli, Martins e Conceição (2017), que estimam que a alíquota total de tributos diretos e indiretos incidente sobre lares de chefia masculina seja igual àquela incidente sobre lares de chefia feminina, já denotam, por si sós, a injustiça do sistema tributário. Se os lares de chefia feminina auferem menos renda e gastam mais com subsistência e os lares chefiados por homens auferem maior renda e gastam mais com acúmulo de bens, a incidência de mesma alíquota total fere os princípios da capacidade contributiva e da seletividade preconizados pela CRFB/1988.

95 Novamente, reitera-se os agradecimentos ao Pedro Rubin, que extraiu esses dados e tornou possível essa análise interseccional.

Tabela 6 – Distribuição da despesa monetária e não monetária média *per capita* por sexo e cor da pessoa de referência da família, segundo os tipos de despesa selecionados – POF 2017-2018

Tipos de despesa selecionados	Sexo e cor da pessoa de referência				
	Homem branco	Homem negro	Mulher branca	Mulher negra	Comparação entre mulher negra e homem branco*
DESPESA TOTAL	100,00%	100,00%	100,00%	100,00%	
DESPESAS CORRENTES	91,8%	92,8%	92,9%	94,3%	2,7%
DESPESAS DE CONSUMO	78,4%	81,8%	81,2%	85,2%	8,6%
ALIMENTAÇÃO	12,2%	16,2%	13,1%	16,7%	36,3%
HABITAÇÃO	28,1%	27,9%	32,3%	32,6%	16,0%
Aluguel	14,4%	14,0%	16,6%	16,5%	15,3%
Serviços e taxas	6,4%	7,8%	7,5%	8,9%	37,7%
Energia elétrica	2,1%	2,7%	2,4%	3,1%	50,5%
Gás doméstico	0,6%	1,0%	0,7%	1,2%	117,6%
Água e esgoto	0,8%	1,1%	1,1%	1,3%	64,5%
Manutenção do lar	2,9%	1,8%	3,4%	2,4%	-17,4%
Artigos de limpeza	0,4%	0,5%	0,5%	0,6%	41,4%
Mobiliário e artigos do lar	1,3%	1,5%	1,4%	1,7%	31,0%
Eletrodomésticos	1,2%	1,5%	1,2%	1,6%	41,3%
VESTUÁRIO	3,0%	3,9%	3,2%	4,2%	39,8%
Roupa de homem	0,8%	1,1%	0,6%	0,9%	10,6%
Roupa de mulheres	0,9%	1,0%	1,2%	1,4%	61,7%
Roupa de criança	0,4%	0,5%	0,4%	0,6%	34,9%
Tecidos e armarinho	0,03%	0,04%	0,04%	0,05%	56,9%
TRANSPORTE	16,2%	15,3%	13,1%	11,7%	-27,9%
Urbano	0,8%	1,6%	1,3%	2,2%	185,1%
Gasolina - veículo próprio	3,2%	3,5%	2,6%	2,3%	-28,2%
Manutenção e acessórios	1,8%	2,0%	1,4%	1,4%	-22,1%
Aquisição de veículo	6,7%	5,5%	4,8%	3,8%	-43,2%
HIGIENE E CUIDADOS PESSOAIS	2,3%	3,5%	2,5%	4,0%	78,8%
Perfume	0,6%	1,1%	0,6%	1,2%	117,7%

Produtos para cabelo	0,3%	0,4%	0,4%	0,5%	89,6%
Sabonete	0,1%	0,2%	0,2%	0,3%	86,2%
Instrumentos e produtos de uso pessoal	1,3%	1,8%	1,4%	2,0%	58,6%
ASSISTÊNCIA À SAÚDE	6,5%	5,8%	7,3%	6,7%	3,2%
Remédios	2,5%	2,9%	3,2%	3,5%	40,8%
Plano seguro saúde	2,5%	1,6%	2,4%	1,4%	-43,9%
EDUCAÇÃO	4,3%	3,4%	3,6%	3,5%	-18,6%
Cursos regulares	1,6%	0,9%	1,0%	0,9%	-46,4%
Cursos superiores	1,1%	0,9%	1,0%	0,9%	-18,7%
Livros didáticos e revistas técnicas	0,2%	0,3%	0,2%	0,4%	151,3%
Artigos escolares	0,1%	0,2%	0,1%	0,2%	51,1%
RECREAÇÃO E CULTURA	2,1%	2,0%	2,1%	2,1%	3,3%
FUMO	0,3%	0,4%	0,4%	0,5%	55,5%
SERVIÇOS PESSOAIS	0,9%	1,0%	1,1%	1,2%	27,8%
DESPESAS DIVERSAS	2,6%	2,2%	2,5%	2,1%	-20,5%
OUTRAS DESPESAS CORRENTES	13,4%	11,0%	11,7%	9,1%	-31,6%
Impostos	5,7%	4,2%	4,8%	2,9%	-50,2%
Contribuições trabalhistas	3,6%	3,7%	3,2%	3,1%	-12,1%
Previdência privada	0,3%	0,2%	0,3%	0,2%	-49,4%
AUMENTO DO ATIVO	5,1%	3,7%	4,1%	2,1%	-58,8%
Imóvel (aquisição)	3,8%	2,2%	2,9%	0,9%	-76,5%
Outros investimentos	0,01%	0,00%	0,00%	0,00%	-67,9%
DIMINUIÇÃO DO PASSIVO	3,0%	3,5%	3,0%	3,5%	16,3%
Empréstimo	2,0%	2,7%	2,2%	2,9%	44,6%
Prestação de imóvel	1,1%	0,8v	0,7%	0,7%	-35,4%

Algumas subcategorias foram ocultadas devido à extensão total da tabela.

Os valores foram arredondados automaticamente para uma casa decimal.

* A coluna se refere à diferença proporcional entre as despesas de famílias chefiadas por mulheres negras e as despesas das famílias chefiadas por homens brancos. Os valores positivos indicam categorias em que as famílias chefiadas por mulheres gastam mais que nas chefiadas por homens. Já os valores negativos apontam para categorias em que as famílias chefiadas por homens gastam mais que aquelas de liderança feminina.

Fonte: Elaborada pela autora com base nos microdados da POF 2017-2018, extraídos por Pedro Rubin.

Primeiro, ao analisar as despesas correntes, observa-se que as famílias chefiadas por mulheres negras gastam 85% do total de suas despesas com consumo, enquanto famílias chefiadas por homens brancos gastam cerca de 78,5%. A diferença encontrada anteriormente na relação entre sexos (4%) é dobrada considerando sexo e raça (8%).

Examinando os gastos com aumento do ativo, temos a seguinte ordem: famílias lideradas por homens brancos (5,1%), mulheres brancas (4,1%), homens negros (3,7%) e mulheres negras (2,1%). Dentro dessa categoria, observamos que, enquanto uma família liderada por mulher negra gasta apenas 0,9% da despesa total com aquisição de imóvel, uma família liderada por homem branco gasta o quádruplo (3,8%). Em relação a outros investimentos, basicamente apenas famílias lideradas por homens brancos gastam algum percentual com outros investimentos. De modo geral, famílias chefiadas por homens brancos gastam mais que o dobro com aumento do ativo do que famílias chefiadas por mulheres negras.

Em relação à diminuição do passivo, famílias chefiadas por mulheres negras (2,9%) e por homens negros (2,7%) gastam mais com pagamento de empréstimo que os lares chefiados por mulheres brancas (2,2%) e homens brancos (2,0%). O endividamento parece estar mais relacionado à categoria "raça" do que à categoria "gênero", o que não acontece em relação ao pagamento de prestação de imóvel: famílias chefiadas por homens brancos (1,1%) e por homens negros (0,8%) despendem mais que famílias chefiadas por mulheres brancas (0,7%) e mulheres negras (0,7%). De todo modo, a diferença entre os extremos de renda (famílias chefiadas por mulheres negras *versus* famílias chefiadas por homens brancos) demonstra que famílias chefiadas por mulheres negras gastam 44,6% mais em empréstimo e 35,4% menos em prestação de imóveis que famílias chefiadas por homens brancos.

Analisando agora as despesas de consumo, observa-se que os gastos com alimentação parecem se relacionar às diferenças de raça e/ou renda: famílias chefiadas por homens brancos gastam 12,2% com alimentação, seguidas de famílias chefiadas por mulheres brancas (13,1%), depois por lares chefiados por homens negros (16,2%) e mulheres negras (16,7%). Assim, lares chefiados por mulheres negras gastam 36% a mais com alimentação que lares chefiados por homens brancos.

O mesmo não é observado em relação à moradia: habitação parece ter um peso maior nos lares femininos: 32,6% do total de gastos em lares chefiados por mulheres negras e 32,3% em lares chefiados por mulheres brancas, seguido de 28,1% em lares chefiados por homens brancos e 27,9% em lares chefiados por homens negros. A diferença entre os gastos com habitação em domicílios chefiados por mulheres negras é 16% maior que em famílias chefiadas por homens brancos. Dentro dessa categoria, a mesma diferença é observada no aluguel: lares chefiados por mulheres brancas (16,6%) e mulheres negras (16,5%) gastam mais com aluguel do que lares chefiados por homens brancos (14,4%) e homens negros (14,0%). Já no que se refere a serviços e taxas, as diferenças de raça e gênero fazem com que os lares chefiados por mulheres negras gastem 50% a mais em energia elétrica, 116% a mais em gás e 64% a mais em água e esgoto que famílias chefiadas por homens brancos.

Ainda dentro da categoria "habitação", a manutenção do lar atinge 3,4% dos gastos das famílias chefiadas por mulheres brancas, 2,9% daquelas chefiadas por homens brancos, 2,4% das chefiadas por mulheres negras e apenas 1,8% das chefiadas por homens negros.

Já em relação à categoria "vestuário", domicílios liderados por mulheres negras são os que mais gastam nessa categoria (4,2%), seguidos daqueles chefiados por homens negros (3,9%), por mulheres brancas (3,2%) e por homens brancos (3%). Dentro das subcategorias, os gastos com roupas de criança seguem sendo superiores nas famílias chefiadas por pessoas negras: mulheres negras (0,6%) e homens negros (0,5%) *versus* lares chefiados por pessoas brancas – mulheres brancas e homens brancos (0,4%). Em tecidos e armarinhos, famílias chefiadas por mulheres negras seguem gastando mais (0,05%) do que famílias chefiadas por mulheres brancas e homens negros (0,04%) e homens brancos (0,03%). Desse modo, domicílios chefiados por mulheres negras gastam quase 40% mais em vestuário, incluindo quase 35% a mais em roupas de criança e 56% a mais em tecidos e armarinhos, comparados aos domicílios chefiados por homens brancos.

Analisando a categoria "transporte", vemos que as diferenças de gênero parecem prevalecer, visto que famílias chefiadas por homens brancos (16,2%) e por homens negros (15,3%) gastam mais que as famílias chefiadas por mulheres brancas (13,1%) e mulheres negras

(11,7%). Como visto, as variações nas subcategorias apontam os diferentes padrões de consumo. Em relação a transporte urbano, famílias chefiadas por pessoas negras gastam mais – mulheres negras (2,2%), homens negros (1,6%) – que famílias chefiadas por pessoas brancas – mulheres brancas (1,3%) e homens brancos (0,8%). Observando as duas pontas, famílias chefiadas por mulheres negras gastam 185% a mais em transporte urbano que as famílias chefiadas por homens brancos. Já em relação à gasolina e à compra de veículos, o padrão de gênero parece ser predominante: domicílios chefiados por homens negros (3,5%) e por homens brancos (3,2%) gastam mais em gasolina que lares chefiados por mulheres brancas (2,6%) e por mulheres negras (2,3%) e também em compra de veículos (6,7% nas famílias chefiadas por homens brancos, 5,5% naquelas chefiadas por homens negros, 4,8% naquelas chefiadas por mulheres brancas e 3,8% nos lares liderados por mulheres negras).

Em relação à categoria "higiene e cuidados pessoais", famílias chefiadas por mulheres negras gastam 4% do total de despesas nessa categoria, seguidas dos lares chefiados por homens negros (3,5%), por mulheres brancas (2,5%) e por homens brancos (2,3%). A diferença relativa demonstra que lares chefiados por mulheres negras gastam quase 80% a mais que os lares chefiados por homens brancos nessa categoria, incluindo os gastos em sabonete (86% a mais), e quase 60% a mais em produtos de uso pessoal.

No que concerne à categoria "assistência à saúde", a ordem de gastos é: lares chefiados por mulheres brancas gastam 7,3%, seguidos dos lares chefiados por mulheres negras (6,7%), depois lares chefiados por homens brancos e lares chefiados por homens negros (5,8%). Na subcategoria "remédios", a preponderância de gastos das famílias de chefia feminina continua: lares chefiados por mulheres negras gastam 3,5% do total em medicamentos, seguidos daqueles chefiados por mulheres brancas (3,2%), depois por homens negros (2,9%) e por último por homens brancos (2,5%). Na comparação, os lares chefiados por mulheres negras gastam 40% mais em medicamentos que os lares chefiados por homens brancos. Já os gastos com plano de saúde são maiores para famílias chefiadas por homens brancos (2,5%), por mulheres brancas (2,14%), por homens negros (1,6%) e por mulheres negras

(1,4%). Dessa forma, famílias chefiadas por mulheres negras gastam 40% menos que a média dos lares chefiados por homens brancos com plano de saúde.

Na categoria "educação", há destaque para os lares chefiados por homens brancos, que despendem 4,3% do total na categoria, com os outros agrupamentos familiares gastando muito próximo (cerca de 3,5%). Ao analisar as subcategorias, vemos a enorme disparidade nos gastos com cursos regulares, que são despesas mais comuns nas famílias chefiadas por homens brancos (1,6%) do que dos outros agrupamentos, que seguem com a média de 0,9% de gastos. Nesse sentido, as famílias chefiadas por mulheres negras gastam quase 50% menos que as famílias chefiadas por homens brancos em cursos regulares. Essa proporção se inverte nos gastos com livros didáticos, visto que as famílias chefiadas por mulheres negras gastam 150% a mais nessa subcategoria que as famílias chefiadas por homens brancos[96].

Na categoria "outras despesas correntes", as famílias chefiadas por homens brancos são as que mais gastam com impostos diretos (5,7%), seguidas de mulheres brancas (4,8%), homens negros (4,2%) e mulheres negras (2,9%). Isso é coerente se pensarmos que mulheres negras auferem menor renda e têm menos patrimônio. Acerca da subcategoria "previdência privada", observa-se que as famílias chefiadas por homens brancos e por mulheres brancas gastam 0,3% do total, seguidas das famílias chefiadas por homens e por mulheres negras, que gastam 0,2%. Comparativamente, lares chefiados por mulheres negras gastam 50% menos que famílias chefiadas por homens nessa categoria.

5.4. CONSIDERAÇÕES FINAIS

A distribuição de despesas dos chefes de família homens brancos, homens negros, mulheres brancas e mulheres negras evidencia duas questões: em algumas categorias, a análise apenas de sexo escondia uma desigualdade na verdade maior racial e depois de gênero; em outras categorias, as desigualdades de gênero são acentuadas pela condicionante raça. De todo modo, a Tabela 6 demonstra a importância de

---

96 Os gastos das famílias chefiadas por homens brancos são de 0,18%; os das famílias chefiadas por homens negros, de 0,34%, mulheres brancas, 0,21%, e mulheres negras, 0,44%.

análises interseccionais, visto que olhar apenas para classe, ou apenas para gênero, ou apenas para raça, oculta desigualdades, mostra verdades parciais e como essas categorias se relacionam e moldam diferentes padrões de consumo.

Ao comparar os padrões de consumo das famílias chefiadas por mulheres negras com os das famílias chefiadas por homens brancos, observamos que os domicílios chefiados por mulheres negras gastam: 36% mais com alimentação, 15% mais com aluguel, 37% mais com serviços e taxas, 50% mais com energia elétrica, 117% mais com gás doméstico, 64% mais com água e esgoto, 41% mais com artigos de limpeza, 35% mais com roupas de criança, 56% mais com tecido e armarinho, 185% mais com transporte urbano, 78,8% mais com higiene, incluindo quase 60% mais gastos com produtos de uso pessoal, 40% mais com medicamentos, 151% mais com livros didáticos e 44% mais com pagamento de empréstimos que os lares chefiados por homens brancos. Além disso, esses lares liderados por mulheres negras gastam 28% menos com gasolina, 43% menos com aquisição de veículos, 43% menos com plano de saúde, 46% menos com cursos regulares, 50% menos com impostos diretos, 50% menos com previdência privada, 76% menos com aquisição de imóveis e 35% menos com prestação de imóveis do que os domicílios chefiados por homens brancos.

Algumas categorias antes apresentavam diferenças de gênero na comparação com chefes de família homens e mulheres; quando destrinchadas em gênero e raça, mostraram-se padrões mais ligados à diferença racial/renda, como no caso das despesas com alimentação, serviços e taxas (energia elétrica, gás doméstico, água e esgoto), manutenção do lar, transporte, higiene, educação, aumento do ativo e redução do passivo. Como comentado, para apurar as diferenças de padrões de consumo por gênero e raça, seria necessário isolar o elemento classe e comparar as despesas das famílias chefiadas por homens e mulheres brancos e negros do mesmo estrato de renda.

Todavia, duas categorias destacam-se por serem gastos predominantes de famílias chefiadas por mulheres apesar das diferenças de renda, são elas "habitação", incluindo aqui aluguel, e "saúde", com destaque para medicamentos. Em relação aos gastos com habitação nas famílias chefiadas por mulheres negras e brancas (cerca de 32%), eles são superiores aos das famílias chefiadas por homens brancos e negros (cerca de 28%). O mesmo acontece na subcategoria "aluguel": as famílias chefiadas por mulheres brancas e negras gastam cerca de 16,5%, enquanto as famílias chefiadas por homens brancos e negros gastam de 14% a 14,4%. Na categoria "saúde", vemos também o predomínio dessa despesa nos lares chefiados por mulheres brancas (7,3%) e por mulheres negras (6,7%), superior aos gastos das famílias chefiadas por homens brancos (6,5%) e negros (5,8%). O mesmo ocorre na subcategoria "medicamento": famílias chefiadas por mulheres negras e brancas gastam mais que as famílias chefiadas por homens negros e brancos. Já a categoria "habitação" continua fortemente ligada ao gênero: é um gasto predominante em famílias chefiadas por mulheres brancas (16,6%) e negras (quando comparado aos gastos em lares chefiados por homens brancos e negros).

Esses dados confirmam a hipótese elencada por Stotsky (1996) de que os vieses implícitos podem ser encontrados nos diferentes padrões de consumo de homens e mulheres justamente porque os lares de chefia feminina, como apontado pela autora, despendem mais da renda familiar em bens de primeira necessidade. O próximo capítulo analisará, desse modo, em que medida os bens de primeira necessidade que são mais consumidos por mulheres são onerados no sistema tributário brasileiro.

CAPÍTULO 6

VIESES DE GÊNERO NA TRIBUTAÇÃO SOBRE PRODUTOS RELATIVOS AO TRABALHO REPRODUTIVO E DE CUIDADO

Como visto ao longo deste trabalho, a bibliografia internacional já apontava para a possibilidade de existirem vieses de gênero implícitos na tributação devido aos diferentes padrões de consumo de homens e mulheres (LAHEY, 2018; OECD, 2022; STOTSKY, 1996)ou impostos sobre bens e serviços, GST, causados pela responsabilidade atribuída às mulheres pelo trabalho reprodutivo e de cuidado.

Ao observar a realidade brasileira, viu-se que os dados do IBGE (2022) corroboram o indicado na literatura sobre trabalho não remunerado: as mulheres, sejam elas dos estratos mais altos de renda ou dos mais baixos, sejam elas brancas ou negras, gastam mais horas de trabalho não remunerado que os homens de sua respectiva cor ou classe. Na média, mulheres gastam o dobro de horas (22 horas) em trabalho não remunerado semanal que homens (11 horas).

Também foi observado que os padrões de consumo de famílias chefiadas por mulheres e de famílias chefiadas por homens no Brasil são distintos: os lares de chefia feminina gastam mais com aluguel, água, energia elétrica, gás, esgoto, transporte público, produtos de uso pessoal e medicamentos, ou seja, despesas ligadas à manutenção da vida e ao cuidado. Esses dados também confirmam o indicado na literatura pesquisada. Tais disparidades de gênero ainda são acentuadas quando levamos em consideração sua intersecção com raça.

Partindo desses acúmulos, o objetivo deste capítulo é investigar se existe um viés de gênero na tributação de produtos ligados ao trabalho reprodutivo e de cuidado. Com esse propósito, analisaremos a carga tributária de produtos que se relacionam à reprodução social, e se essa tributação respeita os princípios constitucionais de capacidade contributiva e de seletividade.

Este capítulo será dividido em três seções. Na seção 6.1, serão analisados os princípios da capacidade contributiva e da seletividade de acordo com textos selecionados das obras de Klaus Tipke (2002), Misabel Derzi (1989), Tathiane Piscitelli (2022) e Regina Helena Costa (2019). Em sequência, a seção 6.2 analisará e responderá as argumentos comumente elencados contrariamente à aplicação da seletividade na tributação, especialmente no contexto de reforma tributária. Na seção 6.3, serão apresentadas as alíquotas de incidência do Imposto sobre Produtos Industrializados (IPI)[97], dos Programas de Integração Social e de Formação do Patrimônio do Servidor Público e Contribuição para Financiamento da Seguridade Social (PIS/Cofins)[98] e Imposto sobre Operações relativas à Circulação de Mercadorias e sobre Prestações de Serviços de Transporte Interestadual e Intermunicipal e de Comunicação (ICMS)[99] sobre produtos ligados ao trabalho reprodutivo e de cuidado, a fim de compreender se a tributação desses produtos é coerente com os princípios constitucionais da capacidade contributiva e da seletividade.

6.1. PRINCÍPIO DA CAPACIDADE CONTRIBUTIVA E PRINCÍPIO DA SELETIVIDADE SEGUNDO A DOUTRINA JURÍDICA SELECIONADA

O objetivo desta seção é compreender os princípios da capacidade contributiva e da seletividade tributária que estão dispostos na CRFB/88. Para isso, foram examinados os seguintes trabalhos: Klaus Tipke e Douglas Yamashita, *Justiça fiscal e princípio da capacidade contributiva* (2002); Misabel Derzi, "Família e tributação: a vedação constitucional de se utilizar tributo com efeito de confisco" (1989); e os cursos de Direito Tributário de Tathiane Piscitelli (2022) e de Regina Helena Costa (2019). A escolha dos autores se deu pela relevância de sua doutrina.

---

97 Art. 153, IV, da CRFB/88 e Lei nº 8.989, de 24 de fevereiro de 1995.

98 Art. 149 da CRFB/88 e Lei nº 10.147, de 21 de dezembro de 2000.

99 Art. 155, II, da CRFB/88 e Lei nº 6.763, de 26 de dezembro de 1975, de Minas Gerais.

Acerca dos princípios da capacidade contributiva e da seletividade, a bibliografia versou sobre os seguintes conteúdos: o princípio da capacidade contributiva decorre do princípio da igualdade; os impostos devem ser graduados segundo a capacidade contributiva; a capacidade contributiva não pode alcançar o mínimo existencial; na tributação sobre consumo, a capacidade contributiva é realizada pelo princípio da seletividade e é medida de acordo com a essencialidade do produto; a doutrina brasileira aponta que o critério pra essencialidade encontra-se no art. 7º da CRFB/88; o princípio da seletividade alcança, além do IPI, o ICMS, e, para alguns doutrinadores, todos os tributos.

6.1.1. O PRINCÍPIO DA CAPACIDADE CONTRIBUTIVA DECORRE DO PRINCÍPIO DA IGUALDADE

De acordo com Misabel Derzi (1989), o princípio da igualdade, disposto no art. 5º da CRFB/88, manifesta-se no campo tributário na forma do princípio da capacidade contributiva, disposto no art. 145 § 1º, da Constituição:

> Sempre que possível, os impostos terão caráter pessoal e serão graduados segundo a capacidade econômica do contribuinte, facultado à administração tributária, especialmente para conferir efetividade a esses objetivos, identificar, respeitados os direitos individuais e nos termos da lei, o patrimônio, os rendimentos e as atividades econômicas do contribuinte (BRASIL, 1988).

Acerca do artigo supracitado, Derzi (1989, p. 151) explica que a expressão "sempre que possível" não se trata de uma cláusula optativa, mas sim de um imperativo que demonstra que, apenas sendo impossível, deixará o legislador de adotar a pessoalidade de acordo com a capacidade econômica do contribuinte.

Para a autora, a capacidade contributiva, em sua face negativa, impõe a vedação de distinguir a tributação entre aqueles que se encontram em situação semelhante; já em sua face positiva, esse princípio obriga o legislador a conhecer as disparidades econômicas, a fim de graduar a tributação (DERZI, 1989, p. 150). E define:

> Assim, o princípio do art. 145 parágrafo 1, embora também assentado na capacidade econômica, é relativo e impõe que, comparativamente, a lei faça justiça tributária, vale dizer, crie deveres tributários iguais para todos, mais leves para os economicamente mais fracos e mais pesados para aqueles de maior capacidade contributiva (DERZI, 1989, p. 150).

No contexto jurídico alemão, Klaus Tipke (TYPKE; YAMASHITA, 2002, p. 28)[100] elucida que a Constituição não explicita em seu texto qual o critério de justiça a ser adotado para uma tributação justa, todavia, a Constituição institui o princípio da igualdade, e, por isso, exige um princípio de comparação adequado ao direito tributário. Para o autor, calcular o pagamento de impostos de forma *per capita* ou pelo princípio da equivalência[101] não são métodos adequados, pois entram em conflito com o princípio de proteção ao mínimo existencial e o princípio do Estado social (TYPKE; YAMASHITA, 2002, p. 27-28). Assim, Tipke demonstra que o princípio da capacidade contributiva, apesar de não explicitado na Constituição alemã, é um princípio implícito, que decorre do princípio da igualdade, sendo essa interpretação pacificada na jurisprudência alemã. Para o jurista, o princípio da capacidade contributiva denota que

> [...] todos devem pagar impostos segundo o montante da renda disponível para o pagamento de impostos. Quanto mais alta a renda disponível, mais alto deve ser o imposto. Para contribuintes com rendas disponíveis igualmente altas o imposto deve ser igualmente alto. Para contribuintes com rendas disponíveis desigualmente altas o imposto deve ser desigualmente alto (TIPKE; YAMASHITA, 2002, p. 31).

6.1.2. GRADUAÇÃO DOS IMPOSTOS PELA CAPACIDADE CONTRIBUTIVA

Para Tipke (TYPKE; YAMASHITA, 2002) e Derzi (1989), a apuração da capacidade contributiva se dá sobre a renda, seja ela a renda auferida, a renda acumulada (patrimônio) ou a renda despendida (consumo). Para os autores, a capacidade contributiva vai além da capacidade econômica, já que considera capacidade de pagar impostos; desse modo, contribuintes que têm que sustentar a si e a outros têm menor capa-

---

100 A obra *Justiça fiscal e princípio da capacidade contributiva* (TYPKE; YAMASHITA, 2002) é dividida em dois títulos. O primeiro foi escrito por Klaus Tipke e traduzido por Douglas Yamashita, que foi seu aluno e o presentou com um exemplar da Constituição Brasileira de 1988 traduzida para o inglês. Assim, a primeira parte da obra é de autoria única de Tipke, inclusive os comentários sobre artigos da Constituição Brasileira de 1988. Já a segunda parte é de autoria de Douglas Yamashita, que traz uma análise do princípio da capacidade contributiva no ordenamento jurídico brasileiro. Neste trabalho, explicitarei quando a citação for de autoria de Tipke ou de Yamashita.

101 Também chamado de princípio do benefício, que preconiza que se deve pagar impostos na medida dos benefícios que o indivíduo ou grupo de indivíduos obtêm do Estado.

cidade contributiva quando comparados àqueles que auferem mesma renda, mas que não possuem dependentes.

Klaus Tipke (TYPKE; YAMASHITA, 2002, p. 30-31) argumenta:

> Desde que alguém deva sustentar a si mesmo e a outros sua capacidade econômico-contributiva é restringida. Não apenas o direito previdenciário, mas também as normas de finalidade fiscal de um Direito Tributário justo devem considerar a limitação da capacidade contributiva decorrente das inevitáveis obrigações privadas. O Estado Tributário não pode retirar do contribuinte aquilo que, como Estado Social, tem de lhe devolver.

Nesse sentido, também sustenta Derzi (1989, p. 151):

> Inegavelmente, se duas pessoas percebem, mensalmente renda idêntica, sendo entretanto a primeira, solteira e sem filhos, enquanto a segunda possui uma dezena de dependentes, não têm elas igual capacidade econômico-contributiva. A tributação que seja indiferente a essas díspares situações pessoais, mesmo que se faça menos onerosa, de modo genérico, será injusta e inconstitucional.

Como visto no capítulo 4, os agrupamentos familiares brasileiros apresentam distintos padrões de gênero. Entre os lares em que há a presença de mais de um adulto e que não há presença de criança(s), a maioria é chefiada por homens. Também nos lares em que há a presença de mais de um adulto e a presença de crianças e/ou idosos, a maioria é chefiada por homens. Ou seja, esses lares chefiados por homens geralmente contam com outro adulto para dividir as despesas do lar e de possíveis dependentes, ou para realizar trabalhos domésticos e de cuidado que economizam o pagamento por esses serviços. Já a maioria dos lares em que só há a presença de um adulto com seus dependentes (um ou mais crianças) quase sempre são lares chefiados por mulheres (89%), as chamadas "mães solo".

Ao analisar a capacidade contributiva desses chefes de família, percebemos que justamente os lares com menor capacidade contributiva – um único adulto e seus dependentes – são lares chefiados por mulheres. Os lares em que há presença de mais de um adulto, o que teoricamente aponta para uma maior capacidade de pagar tributos, geralmente são chefiados por homens. Desse modo, o princípio da capacidade contributiva impõe que o sistema tributário brasileiro trate de forma distinta esses agrupamentos familiares e seja menos gravoso para os lares com menor capacidade de contribuir com os custos do Estado. Será analisado, na seção 6.2, como a tributação atinge os produtos essenciais a essas famílias.

6.1.3. CAPACIDADE CONTRIBUTIVA E MÍNIMO EXISTENCIAL

Continuamente, os autores pesquisados argumentam que a tributação não pode alcançar a renda necessária para subsistência. Tipke (TYPKE; YAMASHITA, 2002, p. 34) defende que o princípio da capacidade contributiva protege o mínimo existencial e a tributação só pode alcançar o que ultrapassar esse valor. Para o autor, não é permitido que o mínimo existencial seja subtraído pela tributação, parcial ou totalmente, mesmo que uma compensação seja dada em benefícios sociais: o Estado não pode subtrair de um lado, por meio da tributação, aquilo que precisa devolver como Estado social (TYPKE; YAMASHITA, 2002). Afirma que esse mandamento vale não apenas para o imposto de renda, mas para todos os impostos, já que "[o] princípio da 'unidade do ordenamento jurídico' determina que o mínimo existencial fiscal não fique abaixo do mínimo existencial do direito da seguridade social" (TYPKE; YAMASHITA, 2002, p. 34).

Nesse sentido também discorre Misabel Derzi (1989, p. 155-156) que a capacidade de concorrer às despesas do Estado pela tributação só se inicia após a dedução de todos os custos necessários para manutenção da renda, sendo confiscatória a tributação que atinja o mínimo vital constante no art. 7°, VI, da CRFB/88 e obste o consumo de gêneros de primeira e média necessidade.

6.1.4. O PRINCÍPIO DA SELETIVIDADE COMO EFETIVAÇÃO DO PRINCÍPIO DA CAPACIDADE CONTRIBUTIVA NOS IMPOSTOS INDIRETOS

Concernente às limitações do princípio da capacidade contributiva, Tipke (TYPKE; YAMASHITA, 2002, p. 38) aponta que, se esse princípio fosse minuciosamente aplicado por leis exaustivamente diferenciadas, não poderia haver fiscalização em tempo razoável. Por isso, é necessário haver certa simplificação por meio da tipificação de determinados casos comuns a partir da normalidade média. Assim, "[o] mínimo existencial protegido da tributação deve ser mensurado de tal modo que seja adequado para a média dos contribuintes, isto é, que corresponda à necessidade vital da grande massa de contribuintes" (TYPKE; YAMASHITA, 2002, p. 39).

Devido à dificuldade de graduar o imposto sobre consumo de acordo com a capacidade contributiva do consumidor, a Constituição brasileira dispõe, em substituição à pessoalidade, sempre que possível, o princípio da seletividade para esses impostos indiretos (DERZI, 1989, p. 151). Assim, na tributação indireta, a capacidade econômica deve ser buscada "não na produção, mas no consumo, ou seja, na manifestação de riqueza demonstrada com a aquisição do produto" (DERZI, 1989, p. 155), valendo-se o Estado da seletividade para isentar ou pouco tributar produtos de primeira necessidade, de um lado, e elevar as alíquotas sobre produtos supérfluos, de outro.

Em continuidade à obra de Tipke, Douglas Yamashita (TYPKE; YAMASHITA, 2002, p. 108) responde às alegações de que a seletividade não atende ao princípio da capacidade contributiva pois onera o consumo final, tratando igualmente pessoas economicamente desiguais. Esclarece o autor que o princípio da capacidade contributiva nesse caso concretiza-se não no seu aspecto subjetivo (de pessoas tributáveis), mas sim no seu aspecto objetivo (bens tributáveis) (TYPKE; YAMASHITA, 2002, p. 108).

No mesmo sentido, Tathiane Piscitelli (2022, p. 313) aponta:

> [...] independentemente das características próprias do sujeito passivo (relacionadas com nível de renda, por exemplo), a tributação será mais gravosa nos casos de consumo de bens supérfluos e mais benéfica para as situações de consumo de bens essenciais. Trata-se de agregar maiores critérios de justiça à tributação proporcional e garantir a igualdade dos pontos de partida.

Quanto ao parâmetro do que deve ser considerado essencial para fins de graduar a tributação, Derzi (1989) e Regina Helena Costa (2019) apontam que esse critério se encontra firmado no conceito de salário mínimo da CRFB/88: "[...] capaz de atender a suas necessidades vitais básicas e às de sua família com moradia, alimentação, educação, saúde, lazer, vestuário, higiene, transporte e previdência social" (art. 7º, IV) (BRASIL, 1988).

6.1.5. ALCANCE DOS PRINCÍPIOS DA CAPACIDADE CONTRIBUTIVA E DA SELETIVIDADE

A CRFB/88 dispõe que a seletividade deverá ser aplicada ao IPI (art. 153, § 3º, I); contudo, em relação ao ICMS, a redação do art. 155, § 2º, III, declara que o imposto "poderá ser seletivo, em função da essencialidade das mercadorias e dos serviços" (BRASIL, 1988). Derzi (1989) e Piscitelli (2022) afirmam que, na verdade, a seletividade deve ser obrigatoriamente aplicada também ao ICMS, assim como Regina Helena Costa (2019, p. 443-444):

Entendemos, com a devida licença dos que pensam diversamente, que as expressões são equivalentes, não traduzindo, no caso do imposto estadual, uma mera faculdade para a adoção da seletividade, já que a noção de "direito-faculdade" é própria do direito privado. De outro lado, todo "poder" atribuído ao Estado é, em verdade, um poder-dever. Dessarte, a regra é obrigatória tanto para o IPI quanto para o ICMS.

Klaus Tipke (TYPKE; YAMASHITA, 2002, p. 32) declara ainda que o princípio da capacidade contributiva vale para todos os impostos, diretos ou indiretos, que precipuamente tem finalidade fiscal, visto que "o princípio da capacidade contributiva cuida da unidade do ordenamento jurídico tributário".

Indo além, Piscitelli (2022) destaca que o princípio da capacidade contributiva não deve restringir-se aos impostos, e tem validade sobre todos os tributos. Para a autora, não há nenhum impedimento em reconhecer a aplicação da capacidade contributiva para todos os tributos, visto que justiça fiscal está no cerne do Estado Democrático de Direito elegido pela CRFB/88. A autora assevera que, além da doutrina, esse tem sido o entendimento também da jurisprudência, uma vez que o STF decidiu em sede de Recurso Extraordinário 573.675 pela constitucionalidade de alíquotas progressivas na contribuição para custeio de iluminação pública (*apud* PISCITELLI, 2022, p. 135). E esclarece:

Portanto, não há qualquer impedimento teórico em se reconhecer a aplicação da capacidade contributiva para todos os tributos, em que pese a redação do artigo 145, parágrafo 1º, da Constituição, fazer referência apenas a impostos. A tributação segundo a manifestação de riqueza e, portanto, considerando critérios de justiça tributária que se mostrem distributivos, é desejável no Estado Democrático de Direito e a estrutura tributária normativa contribui para esse desenho e realização na maior medida do possível (PISCITELLI, 2022, p. 136).

Desse modo, na seção 6.3, serão analisadas as alíquotas de IPI, PIS/Cofins e ICMS incidentes sobre produtos ligados à reprodução social tendo em vista a necessidade de cumprimento do princípio da seletividade em função da essencialidade. Parte-se deste pressuposto que a capacidade contributiva se estende a todos os tributos e, por consequência, a seletividade deve atingir todos os tributos, inclusive aqueles incidentes sobre consumo, visto que ignorar a extensão da capacidade contributiva a todas as espécies tributárias "implicaria um direito tributário desprovido de seu sentido material, que é a promoção da melhor e mais justa distribuição dos recursos na sociedade, como decorrência direta da forma de Estado inaugurada pela Constituição de 1988" (PISCITELLI, 2022, p. 141).

6.2. CRÍTICAS AO PRINCÍPIO DA CAPACIDADE CONTRIBUTIVA E AO PRINCÍPIO DA SELETIVIDADE NO CONTEXTO DE REFORMA TRIBUTÁRIA

Tanto em âmbito internacional quanto no contexto nacional, existem pelo menos quatro argumentos apresentados por economistas e tributaristas que se opõem aos princípios da capacidade contributiva e da seletividade com base na essencialidade, são eles: i) a necessidade de simplificação do sistema tributário; ii) a alegação de que maioria dos países adota uma alíquota única de imposto sobre consumo; iii) que os mais ricos se apropriariam mais dos benefícios tributários do que os mais pobres; e iv) que a redução no tributo não leva à redução no preço do produto. Estes argumentos serão respondidos nesta seção tendo em vista tanto as disposições constitucionais às quais o Direito Tributário e as próprias políticas econômicas se submetem, quanto estudos empíricos que confrontam essas narrativas.

6.2.1. SELETIVIDADE EM FUNÇÃO DA ESSENCIALIDADE OU SIMPLIFICAÇÃO TRIBUTÁRIA?

Acerca do primeiro tema, em sua obra, Klaus Tipke (TYPKE; YAMASHITA, 2002, p. 45) aponta que os críticos ao princípio da capacidade contributiva afirmam que esse princípio deve ser negligenciado perante a simplificação tributária e a otimização dos efeitos econômicos dos impostos. Em relação à simplificação, o autor alerta que o ganho em simplificação não pode ter como consequência prejuízo excessivo na justiça no caso concreto (TYPKE; YAMASHITA, 2002, p. 39). No que concerne às críticas de economistas que defendem que os efeitos econômicos dos tributos são mais relevantes que o princípio da capacidade contributiva, Tipke afirma: "Por isso, especialmente num Estado de Direito, deve permanecer a primazia da justiça fiscal sobre a economia" (TYPKE; YAMASHITA, 2002, p. 45). No ordenamento jurídico brasileiro, como exaustivamente demonstrado na seção anterior, a Constituição de 1988 inclui como esfera da justiça tributária o princípio da seletividade em função da essencialidade. Esses argumentos também são relevantes no contexto de discussão da reforma tributária brasileira, vistos os inúmeros discursos que preconizam a simplificação tributária em primazia de uma reforma que foque em efetivar a justiça tributária, como será visto na próxima seção.

6.2.2. ADOÇÃO DO IMPOSTO SOBRE VALOR AGREGADO (IVA) COM ALÍQUOTA ÚNICA É O MODELO MAIS USADO?

Sobre o segunda crítica ao princípio da seletividade, de que a maioria das países adota alíquota única de imposto sobre consumo e desconsidera a essencialidade dos bens e serviços, a Proposta de Emenda à Constituição nº 45 de 2019 (PEC 45/2019), em tramitação na Câmara dos Deputados, dispunha, em sua forma original, da unificação dos tributos sobre consumo e serviços no modelo de Imposto sobre Valor Agregado, com a estipulação de uma única alíquota, sob a justificativa de que "[...] a grande maioria dos IVAs criados nos últimos 25 anos no mundo tem apenas uma alíquota".

Todavia, em análise de Direito Comparado, Martha Leão e Vanessa Dexheimer (2021) demonstram que tal narrativa é inverídica, visto que a maioria dos países e comunidades econômicas, tanto aqueles que adotaram o IVA anteriormente, como a União Europeia, quanto aqueles que adotaram IVA recentemente, como Albânia, Angola, Austrália, Bahamas, Barbados, Bangladesh, Costa Rica, Croácia, Egito, Eslovênia, Gana, Índia, Kosovo, Letônia, Singapura, Sérvia, Suíça e Vietnã, adotam diferentes alíquotas ou permitem isenções ou alíquota zero para circulação de produtos e serviços essenciais, como alimentos, água e saúde:

> "O exame realizado em Direito Comparado atesta isso: ainda que existam divergências entre os países analisados, especialmente com relação à alíquota padrão, a grande maioria dos países que implementou um IVA estipulou transações que estarão sujeitas à alíquota zero ou isenção, como, por exemplo, transações com alimentos, água, serviços de esgoto, saúde, educação, transporte internacional e aluguel de propriedade residencial. Não obstante se possa discutir o grau de essencialidade de alguns bens e serviços, inexiste qualquer dúvida ou divergência no sentido de que esses citados se incluem entre aqueles mais essenciais do que os demais, o que justifica o tratamento diferenciado" (LEÃO; DEXHEIMER, 2021, p. 345).

As autoras concluem que "[há] um consenso internacional sobre a inaplicabilidade de uma alíquota única, isto é, sobre a exigência de que se tribute diferentemente bens e serviços mais essenciais que outros, e não o contrário" (LEÃO; DEXHEIMER, 2021, p. 342). Desse modo, a proposta de uma alíquota única da PEC 45/2019, defendida por respeitados institutos que preconizam a justiça fiscal (CENTRO DE CIDADANIA FISCAL, 2017), além de não encontrar amparo na realidade tributária de outros países, ofende os princípios constitucionais da seletividade e da capacidade contributiva em nome da praticabilidade e da eficiência.

6.2.3. BENEFÍCIOS TRIBUTÁRIOS FAVORECEM OS MAIS RICOS OU OS MAIS POBRES?[102]

Acerca da terceira crítica, de que os mais ricos supostamente se apropriam mais dos benefícios tributários que os mais pobres, estudos empíricos indicam que, na realidade, a adoção de alíquotas diferenciadas em função da essencialidade dos bens é importante instrumento de mitigação da regressividade. A publicação "Taxation and Gender Equity: A comparative analysis of direct and indirect taxes in developing and developed countries" (GROWN; VALODIA, 2010) foi resultado de um projeto internacional de investigação para analisar a dimensão de gênero nas políticas tributárias de 8 países: Argentina, Gana, Índia, México, África do Sul, Uganda e Reino Unido. Como resultado, a equipe de pesquisa de cada país produziu um relatório contendo análise sobre a tributação direta, tributação indireta e recomendações[103]. Assim, um dos objetos da pesquisa foi analisar a incidência de impostos

---

102 Esta seção foi incluída tendo como base o artigo escrito pela autora para o edital "Novos rumos para o Brasil: desafios para uma tributação justa", do Instituto de Justiça Fiscal (IJF) e Instituto Lula.

103 A pesquisa incluiu a elaboração de uma metodologia empírica própria para ser utilizada em todos os países a fim de possibilitar comparações. A análise sobre os tributos indiretos se deu sobre três impostos: Impostos sobre Valor Agregado (IVA), Impostos Especiais de Consumo, também chamados de Impostos Seletivos, e os impostos sobre combustíveis. Além disso, cada país estimou reformas tributárias relevantes para o seu próprio contexto, trazendo propostas como, por exemplo, isentar ou estipular alíquota zero para mercadorias que são mais consumidas pela parcela mais empobrecida da população, com vistas a promover a igualdade de gênero. Complementarmente, a fim de compensar possíveis perdas, foram simulados aumentos de impostos sobre itens de luxo ou impostos seletivos sobre combustível para transporte privado, tabaco e álcool (GROWN; VALODIA, 2010, p. 17).

indiretos sobre a renda e despesa familiar, com o objetivo de determinar o impacto desse tipo de tributação para as diferentes configurações familiares, levando em consideração especialmente o gênero e, em alguns países, também a raça.

A conclusão do estudo foi de que as alíquotas reduzidas ou zeradas em bens essenciais são eficazes para proteger as famílias e reduzem a regressividade do IVA para as famílias mais pobres e chefiadas por mulheres:

> De fato, as famílias chefiadas por mulheres geralmente estão agrupadas nas faixas de renda mais baixa, e verifica-se que a maioria dos países neste livro faz uso extensivo de taxa zero e isenções do IVA para proteger as famílias nas faixas de renda mais baixa. **Para fins formulação política, os resultados sugerem que medidas como taxa zero e isenções são eficazes para proteger as famílias vulneráveis do pagamento de uma parcela desproporcional de impostos indiretos, o que pode explicar os resultados gerais dos estudos nacionais.** As simulações realizadas por cada país reforçam ainda mais o fato de que, sem a alíquota zero, a incidência do IVA teria sido maior para domicílios chefiados por mulheres e as diferenças relativamente pequenas nos resultados da incidência possivelmente teriam sido maiores. (GROWN; VALODIA, 2010, p. 308, tradução e destaque nosso)[104]

Dentre os estudos de casos, foi analisado o sistema tributário da África do Sul, país que adotou o IVA na década de 1990 – considerado um IVA "moderno" - e demonstrou que a carga tributária indireta no País é progressiva, visto que as classes mais altas pagam proporcionalmente mais tributos indiretos do que as classes mais baixas. Além disso, em decorrência da progressividade e devido a relação entre pobreza e gênero, há incidência de uma alíquota maior para lares chefiados por homens do que para lares chefiados por mulheres, assim como há maior incidência em lares onde há dois provedores do que lares onde o provedor ou provedora está desempregado.

---

104 Tradução própria de: "Indeed, female-type households are generally clustered in the lower-income brackets, and it turns out that most of the countries in this volume do make exten- sive use of zero-rating and exemptions in VAT to protect households in lower income brackets. For policy purposes, the results suggest that measures such as zero- rating and exemptions are effective at protecting vulnerable households from paying a disproportionate share of indirect taxes, which can explain the overall results of the country studies. The simulations conducted by each country further reinforce the point that, without zero-rating, the incidence of VAT would have been higher for female-type households and the relatively small differences in the incidence results would possibly have been larger."

Ao desagregar os tributos indiretos nos três impostos analisados pelo estudo (IVA; Imposto Seletivo – sobre álcool e tabaco; Imposto sobre combustíveis) apurou-se que os lares chefiados por homens são mais afetados pelo imposto sobre álcool e tabaco e combustíveis. Ainda assim, mesmo o IVA sendo um imposto naturalmente regressivo, que deveria onerar proporcionalmente mais as mulheres por possuírem menor renda que os homens, o estudo demonstra que devido os benefícios tributários para alimentação, saúde e parafina (utilizado como combustível doméstico), o IVA se torna progressivo em termos de classe e gênero (GROWN; VALODIA, 2010). Dessa forma, a alíquota total de tributos indiretos para lares chefiados por homens é de 9,06% do total das despesas, enquanto para lares chefiados por mulheres esse percentual é de 7,99%. Ao analisar os impostos indiretos desagregados, percebe-se que o os lares chefiados por homens arcam com um IVA maior (7,17%) que os lares chefiados por mulheres (7,08%). Essas diferenças se ampliam no Imposto Seletivo e no Imposto sobre combustíveis, em que a incidência para lares chefiados por homens é mais que o dobro do que para lares chefiados por mulheres, como se observa na tabela abaixo:

Tabela 7 – Incidência geral de impostos indiretos por tipo de família, África do Sul (% das despesas)

	Tributação indireta total	IVA	Imposto seletivo	Imposto sobre combustíveis	Distribuição de indivíduos em tipos de domicílio (%)
Composição familiar por sexo					
Maioria adulta masculina	9.23	7.29	1.1	0.84	21.9
Maioria adulta feminina	8.13	7.07	0.47	0.59	42.0
Número igual de adultos	8.84	7.12	0.85	0.88	36.1
Categoria de emprego					
Homem provedor	9.36	7.36	1.12	0.88	26.4
Mulher provedora	8.14	7.05	0.45	0.64	21.6
Dois provedores	9.15	7.13	0.89	1.14	24.2
Desempregada	7.84	6.99	0.49	0.37	27.8
Chefia de família					
Homem chefe de família	9.06	7.17	0.96	0.94	59.1
Mulher chefe de família	7.99	7.08	0.44	0.48	40.9

Fonte: GROWN, VALODIA (2010, p. 219, tradução nossa)

O estudo fez ainda duas simulações: avaliou o impacto de voltar a tributar itens essenciais que contavam com alíquota zero, especificamente, alimentação básica e parafina; e, de outro lado, estimou o impacto da mudança de classificação de itens tributados para a alíquota zero, especificamente: frango; roupas e calçados infantis; e uma cesta básica de higiene pessoal (papel higiênico, pasta/escova de dentes, sabonete, lenços de papel, anticoncepcionais e absorventes higiênicos (GROWN; VALODIA, 2010). O objetivo era avaliar o impacto da ampliação de itens com alíquota zero de IVA com vistas a beneficiar famílias pobres chefiadas por mulheres e chefes de família desempregados com presença de crianças. A escolha por esses itens se deu por três motivos: são itens de despesa recorrente; não impõe externalidade negativa óbvia e, principalmente, constituem uma parcela relativa maior do orçamento das famílias chefiadas por mulheres e não empregadas, especialmente as que contam com presença de crianças no quintis inferiores quando comparadas com as famílias de chefia masculina ou com dupla fonte de rendimentos[105]. (GROWN; VALODIA, 2010, p. 228)

Acerca da primeira simulação, o estudo estimou que voltar a tributar itens que à época contavam com alíquota zero de IVA prejudicaria muito mais famílias pobres, famílias chefiadas por mulheres e famílias onde o provedor está desempregado. O retorno da tributação sobre alimentos básicos geraria um variação na incidência do IVA de 60% para o quintil mais pobres e apenas 8% para o quintil mais rico, e de cerca de 34% para as famílias chefiadas por mulheres e 23% para as famílias chefiadas por homens. Com relação ao retorno da tributação da parafina, o impacto também seria maior para as famílias chefiadas por mulheres (2,95% de variação na incidência total de tributos indiretos) do que para as famílias chefiadas por homens (2,03%), assim como levaria uma variação na tributação indireta muito maior para os 20%

---

105 Importante destacar que o estudo considerou alimentos para bebês (somente leite e grãos) e outros combustíveis para uso doméstico (principalmente carvão, lenha e velas) como possíveis candidatos, mas não foram considerados porque, para os primeiros, há preocupação com as implicações para o aleitamento materno, enquanto para o último há possíveis consequências ambientais. Pão branco, açúcar branco e chá também foram excluídos do estudo por causa das implicações nutricionais, embora representem uma parcela relativa maior dos orçamentos de famílias mais pobres chefiadas por mulheres em comparação com famílias chefiadas por homens.

mais pobres (5,22%) do que para os 20% mais ricos (0,23%). Nesse sentido, os quintis 1 a 3 sofreriam um impacto 7,5 vezes maior que os quintis 4 e 5 no retorno da tributação sobre a parafina e 4,7 vezes maior no retorno da tributação sobre alimentação básica.

Com relação à segunda simulação, sobre a ampliação de itens com alíquota zero de IVA, o estudo encontrou que também as famílias chefiadas por mulheres, pessoas em situação de desemprego e as famílias dos quintis mais baixos seriam mais beneficiadas. A ampliação de itens alimentares sujeitos à taxa zero de IVA levaria uma redução de 24% na incidência de impostos indiretos sobre as famílias chefiadas por mulheres e 20% para as famílias chefiadas por homens Já com relação a classe, essa política levaria uma redução na incidência de tributos indiretos de 26% sobre o quintil mais pobre e de 14% sobre o quintil mais rico.

Acerca da proposta de zerar alíquota sobre roupas infantis, essa mudança levaria uma redução de 4,42% na incidência de impostos indiretos sobre as famílias chefiadas por mulheres e cerca de 3% para aquelas chefiadas por homens, sendo a política de maior impacto em termos de gênero, pois a proporção de mudança em termos de gênero seria de 1,48 vezes. De igual modo, essa política também beneficiaria mais as famílias mais pobres (redução na incidência de impostos indiretos em quase 6% para as famílias do quintil mais baixo) do que para as famílias mais ricas (redução de apenas 1,59%). Essas proporções continuam sendo vistas também para ampliação de alíquota zero para itens de cuidado pessoal e na tributação sobre carne de aves.

Assim, o estudo empírico demonstra como os benefícios tributários para itens ligados à subsistência e ao cuidado são progressivos em termos de gênero e classe:

Tabela 8 – Incidência de impostos indiretos e efeito da receita do governo do IVA e taxa zero (itens selecionados), África do Sul.

	Base de incidência	Efeito da taxação de IVA (% de variação)	Efeito da classificação em alíquota zero (% de alteração)				
	Incidência de imposto (% do gasto)	Comida básica	Parafina	Outros itens alimentares (excluído conf.)	Roupas infantis	Itens básicos de cuidados pessoais	Aves
Homem chefe de família	9,36	23,29	2,03	-20,19	-2,99	-3,21	-4,38
Mulher chefe de família	8,14	33,91	2,95	-24,45	-4,42	-4,18	-5,59
Dois provedores	9,15	19,56	1,42	-19,02	-2,95	-2,73	-3,68
Desempregado	7,84	45,92	4,34	-25,89	-4,85	-4,72	-6,6
Proporção mulher/homem % da mudança		1,46	1,45	1,21	1,48	1,30	1,28
Q1	7,28	60,03	5,22	-26,37	-5,91	-5,77	-7,29
Q2	8,36	41,27	4,07	-25,96	-5,26	-4,78	-6,76
Q3	9,11	29,09	2,74	-24,15	-3,95	-3,95	-5,65
Q4	9,56	18,83	1,36	-21,44	-2,72	-2,93	-4,07
Q5	8,82	8,39	0,23	-14,17	-1,59	-1,59	-1,81
Razão Q1-3/Q4-5 % da mudança		4,79	7,57	2,15	3,51	3,21	3,35
Total	8,63	30,13	2,55	-22,25	-3,82	-3,71	-5
Perda/ganho para o fisco por ano (milhões de Rands, preços de 2000)		3.876	229	-4.788	-576	-618	-761

Fonte: GROWN; VALODIA (2010, p. 229, tradução nossa

Os resultados encontrados na África do Sul também foram vistos na análise tributária dos outros países, como Marrocos, Reino Unido e Uganda, com políticas de redução ou alíquota zero de IVA sobre bens essenciais gerando impacto progressivo em termos de classe e gênero:

> A simulação sul-africana mostra que a taxa zero de itens alimentares básicos resultou em resultados substanciais de igualdade de gênero e redução da pobreza, beneficiando as famílias com chefes de família e famílias sem

pessoas empregadas em termos relativos. Da mesma forma, em Marrocos, uma redução do IVA sobre alimentos básicos ajuda a combater a alta incidência do IVA em famílias chefiadas por mulheres. O exemplo de Uganda demonstra que a identificação de alguns itens muito específicos consumidos por famílias vulneráveis, como sal e parafina, pode efetivamente reduzir a vulnerabilidade de famílias de baixa renda do tipo feminino, sem impactar significativamente na receita total. Coletivamente, as simulações sugerem que há fundamentos para o uso específico e direcionado do sistema tributário para melhorar os resultados da igualdade de gênero. A classificação em alíquota zero de roupas infantis no Reino Unido e a parafina na África do Sul são outras maneiras úteis de fazer isso, como mostram as simulações." (GROWN; VALODIA, 2010, p. 309)[106]

O projeto conclui que apesar de haver crescente literatura sobre a importância de considerar o impacto de gênero na tributação, as políticas tributárias têm prestado pouca ou nenhuma atenção a isso nas formulações de política tributária (GROWN; VALODIA, 2010, p. 299). Com relação à tributação indireta, o trabalho conclui, com base na análise empírica dos oito países selecionados que

> [...] todos os países estudados têm amplas isenções e taxa zero no sistema de IVA. **Esta é uma das razões pelas quais, nos países estudados, o sistema de IVA não é excessivamente desigual em termos de gênero.** As isenções e a alíquota zero são desencorajadas na literatura de políticas, porque são consideradas como estreitando a base do IVA e criando várias taxas de IVA, resultando em perdas de receita e administração tributária complexa. Mesmo reconhecendo que países em diferentes níveis de desenvolvimento têm capacidades de administração tributária muito diferentes, os resultados sugerem que é possível, mesmo em países de baixa renda, administrar sistemas de IVA com pelo menos alguma alíquota zero de bens de consumo básicos. Além disso, os resultados sugerem que pode haver maneiras de compensar quaisquer perdas resultantes da taxa zero de forma

---

106 "The South African simulation shows that zero-rating of basic food items resulted in substantial gender equality and poverty reduction outcomes, benefiting female-breadwinner households and households with no persons employed the most in relative terms. Similarly, in Morocco a reduction in VAT on staples goes some way to countering the high incidence of VAT on female-headed households. The Ugandan example demonstrates that identifying some very specific items consumed by vulnerable households, namely salt and paraffin, can effectively reduce the vulnerability of low-income female-type households, without significantly impacting on total revenue. Collectively, the simulations suggest that there are grounds for specific and targeted usage of the tax system to improve gender equality outcomes. Zero-rating of children's clothing in the United Kingdom and paraffin in South Africa are other useful ways to do this, as shown by the simulations"

a promover a equidade de gênero na tributação. (GROWN; VALODIA, 2010, p. 309, traduação e destaque nosso)[107]

Desta feita, o estudo empírico contrasta o argumento de que benefícios tributários em alimentos e saúde apenas beneficiam as classes abastadas. Sabe-se que em termos absolutos as camadas mais ricas podem se apropriar mais desses benefícios, todavia, isso pode ser compensado pelos impostos especiais sobre tabaco, álcool e combustíveis, como demonstrados exaustivamente pela publicação. Ademais, em termos proporcionais, é inegável que esses benefícios em bens ligados a subsistências aliviam o peso da regressividade da tributação sobre o consumo para as famílias mais pobres, famílias chefiadas por mulheres e famílias em situação de desemprego.

Em sentido semelhante, Tathiane Piscitelli (2022, p. 131) aponta que a seletividade tributária em função da essencialidade é fundamental para redução da regressividade, que é inerente à tributação do consumo. A autora destaca que, em recente publicação, FMI, OCDE, ONU e Banco Mundial declararam que um imposto sobre consumo de base ampla com alíquota única pode trazer vantagens teóricas e práticas, todavia, as isenções e alíquotas reduzidas para bens e serviços essenciais são elemento fundamental para garantir a igualdade, inclusive de gênero[108].

---

107 "[...] all of the countries studied have extensive exemptions and zeroraring in the VAT system. This is one reason why across the countries studied the VAT system is found not to be excessively inequitable in gender terms. Exemptions and zero-rating are discouraged in the policy literature because they are deemed to narrow the VAT base and to create multiple VAT rates, resulting in revenue losses and complex tax administration. Recognizing that countries at different levels of development have very different tax administration capabilities, the results nevertheless suggest that it is possible, even in low-income countries, to administer VAT systems with at least some zero-rating of basic consumption goods. Moreover, the results suggest that there may be ways to compensate for any losses resulting from zero-rating in a manner that promotes gender equity in taxation".

108 A nota aponta: "As broad-based VATs have many theoretical and practical advantages, such disincentives are best addressed through subsidies or the personal income tax. However, many VATs also provide exemptions or lower tax rates for necessities like food, education, health care, and childcare to reduce the burden on the poor, which have also been found to be important for gender equality. Governments should ensure that tax reforms undertaken to raise revenue do not undermine the affordability of these basic needs. Tax systems can contribute to redistributing inco-

Além do mais, as críticas sobre a redução de alíquotas ou isenção nos gêneros de primeira necessidade ignoram que o princípio da seletividade tem duas faces: redução ou isenção de tributação sobre produtos essenciais, de um lado, e aumento de alíquota sobre produtos supérfluos, de outro, a fim de garantir o mesmo volume de recursos à Fazenda Pública. Não há redução possível de um lado sem aumento de outro, de modo que o resultado deve ser a justiça distributiva[109].

6.2.4. REDUÇÃO NO TRIBUTO GERA OU NÃO REDUÇÃO NO PREÇO?[110]

Por fim, um quarto argumento contrário à redução nos tributos para bens essenciais femininos, especialmente no caso da redução no tributo sobre absorventes, é de que a redução do imposto não gera redução no preço, apenas ocasiona em aumento do lucro para as empresas que comercializam os bens. Todavia, o relatório "What impact does a VAT / GST reduction or removal have price of menstrual products?" (JURGA; YATES; BAGEL, 2020) realizou um amplo estudo de caso que analisa o impacto no preço dos absorventes em 10 países ou regiões que reduziram ou zeraram a tributação sobre absorventes e encontrou que em Nova Jersey (EUA), Austrália e Alemanha ocorreu redução no preço dos absorventes.

Acerca da política implementada em Nova Jersey, observou-se que após a eliminação do imposto de 6,9% sobre vendas de produtos

---

me toward low-income households, including those headed by lone mothers, and VAT measures are often needed in countries where direct transfers to low-income households are not possible for administrative reasons. Some scope may exist to consider favorable treatment, under a VAT, of products disproportionately or entirely consumed by women to offset disabilities elsewhere, which meet a basic need and are critical to women's full educational and workforce participation" (ESTEVÃO *et al., apud* PISCITELLI [2022]. Disponível em: disponível em: https://www.tax-platform.org/news/blog/Tax-Reform-Gender-Equality-in-the-Post-COVID-Era. Acesso em: 20 mar. 2023).

109 Desse modo, o raciocínio de Derzi (1989, p. 162) sobre o imposto de renda também se aplica à tributação sobre consumo: "[...] o caminho constitucional adotado parece ser outro, porque a consideração dos encargos, que ofereceria uma eficiente proteção econômica da família, levaria também à escolha pela lei de alíquotas superiores, incidentes sobre as faixas mais altas de renda, as quais assegurariam, por compensação, o mesmo volume de recursos à Fazenda Pública".

110 Esta seção foi incluída tendo como base o artigo escrito pela autora para o edital "Novos rumos para o Brasil: desafios para uma tributação justa", do Instituto de Justiça Fiscal (IJF) e Instituto Lula.

menstruais, os preços no varejo caíram 7,3%. Essa queda foi despro-
porcional entre os diferentes grupos de renda, com mulheres de alta
renda experimentando uma redução de 3,9% nos preços, ao passo que
as de baixa renda tiveram uma diminuição de 12,4%.

Já na Austrália, a maioria das empresas pesquisadas removeu o GST em
1º de janeiro, resultando na redução esperada do preço de varejo de 9,1%.
No Reino Unido, ocorreu a redução para alíquota de 5%, mas sem dados
confiáveis para apurar se houve redução no preço, todavia, a receita anual
do IVA é redistribuída por meio do "Tampon Tax Fund" para projetos que
distribuem absorventes gratuitamente para mulheres e meninas desfavore-
cidas. Já na Alemanha o imposto sobre produtos menstruais foi reduzido
de 19% para a taxa mais baixa possível, de 7%, e, em todas as marcas e
tipos de produtos, os preços diminuíram e permaneceram estáveis mesmo
seis meses depois. A redução média no preço foi de 10,5%.

Em outros países pesquisados, como Tanzânia, não houve uma redução uniforme do preço, em Quênia e Bangladesh não foram encontradas informações disponíveis, na Índia e Zimbabue não houve redução – o estudo esclarece que essa informação foi dada pela mídia local
e, por fim, na África do Sul não houve informação confiável (JURGA;
YATES; BAGEL, 2020, p. 11).

Sobre os países que não houve redução no preço ou não foi possível
apurar adequadamente a consequência nos preços, o estudo aponta
como fatores (JURGA; YATES; BAGEL, 2020, p.23-26):

i. A baixa fiscalização sobre ganhos e lucros das empresas, já que
"se não houver regulamentação juridicamente vinculativa ou
empresas controladas pelo governo ao longo da cadeia de abastecimento, há um alto risco de que não haja repasse uniforme"
(JURGA; YATES; BAGEL, 2020, p.24)[111];

ii. O tipo de remoção de IVA: a isenção de IVA, ao invés da alíquota
0%, impede os ofertantes de fazerem aproveitamento de créditos,
o que impacta na não redução do preço às consumidoras finais;

iii. Inflação;

iv. Competição e monopólios locais.

---

111 "If there is no legally binding regulation or government holding companies
along the supply chain accountable, there is a high risk that there will be no uni-
form pass-through."

Dentre as propostas para garantir a redução no preço dos absorventes, o relatório aponta, especialmente, a necessidade dos governos aplicarem mecanismos de responsabilização das empresas para garantir que a redução ou remoção do IVA seja repassada as consumidoras:

> • Investigar a evolução dos preços em toda cadeia de abastecimento;
> • Ingressar com ações judiciais contra produtores e varejistas que não repassem as poupanças da redução ou remoção do IVA para o consumidor (anti-lucratividade);
> • Forçar os fabricantes a imprimir o preço de varejo recomendado na embalagem (JURGA; YATES; BAGEL, 2020, p.28, tradução nossa)[112].

Dessa forma, o estudo demonstra que não só é possível garantir que a redução no preço seja repassada às consumidoras finais, como há experiências que comprovam tal fato. Assim, as políticas de redução no preço de produtos essenciais devem ser acompanhadas de fiscalização estatal e de responsabilização das empresas.

6.3. ANÁLISE DA INCIDÊNCIA DE TRIBUTOS INDIRETOS SOBRE PRODUTOS LIGADOS À FISIOLOGIA FEMININA E AO TRABALHO DE CUIDADO

Seguindo o entendimento de que a justa repartição da carga tributária total é um imperativo ético para todo Estado de Direito (TIPKE; YAMASHITA, 2002, p. 27-28) e, dessa feita, e de que o princípio da capacidade contributiva deve alcançar todos os tributos (PISCITELLI, 2022), a seletividade em função da essencialidade será analisada neste capítulo como princípio aplicado a todos os tributos sobre consumo.

Dessa feita, o objetivo desta seção é analisar as alíquotas de IPI, PIS/Cofins e ICMS incidentes sobre produtos ligados ao trabalho reprodutivo e de cuidado. Foram selecionados dezesseis produtos, são eles:

---

112 "• Investigate price developments across the supply chain; • Pursue legal action against producers and retailers who do not pass the savings of VAT reduction or removal to the consumer (anti-profiteering); • Force manufacturers to print the recommended retail price on the packaging"

i. Produtos relacionados à fisiologia feminina[113], independentemente do trabalho reprodutivo: absorvente menstrual; coletor menstrual; e anticoncepcionais.

ii. Produtos ligados ao trabalho reprodutivo em si, que também são decorrentes da fisiologia feminina e não têm equiparação com o sexo masculino: absorvente para seios; adaptador de silicone para mamilos para amamentação; pomada para mamilos para amamentação; bomba para seios extratora de leite; e sutiã de amamentação.

iii. Produtos ligados ao trabalho de cuidado: fralda infantil; fralda geriátrica; talco para bebês; lenço umedecido; creme para assaduras; bico para mamadeira; vestuário e acessórios de algodão para bebês; e carrinho de bebê. Esses produtos não possuem ligação com a fisiologia feminina, são concernentes às tarefas de cuidado que podem ser desempenhadas por qualquer pessoa. Todavia, como visto, são tarefas realizadas predominantemente por mulheres devido à divisão sexual do trabalho e são gastos mais proeminentes em lares de chefia feminina.

Esses produtos foram agrupados de acordo com sua localização na TIPI (Tabela do IPI)[114] e comparados com itens próximos de classificação, a fim de obter um parâmetro de avaliação se a incidência tributária sobre os itens selecionados respeita a seletividade em função da essencialidade, como dispõe a CRFB/88.

A metodologia se deu por meio da busca dos dezesseis produtos na TIPI com suas respectivas numerações de Nomenclatura Comum do Mercosul (NCM), seguida de pesquisa de itens próximos no mesmo capítulo e, quando possível, no mesmo item. Depois, foi realizada pesquisa na ferramenta de estimativa de alíquota por NCM da plataforma

---

113 De acordo com o *Tratado de Fisiologia Médica*: "Os anos reprodutivos normais da mulher se caracterizam por variações rítmicas mensais da secreção dos hormônios femininos, e correspondem a alterações nos ovários e nos outros órgãos sexuais. Esse padrão rítmico é denominado ciclo sexual *mensal feminino* menstrual (ou, menos precisamente, ciclo). O ciclo dura, em média, 28 dias" (HALL, 2011, p. 1042). "Durante todos os anos reprodutivos da vida adulta, entre cerca de 13 e 46 anos de idade, 400 a 500 folículos primordiais se desenvolvem o bastante para expelir seus óvulos – um por mês; o restante degenera (tornam-se atrésicos)" (HALL, 2011, p. 1041).

114 Decreto n° 11.158, de 29 de julho de 2022.

Portal IOB *on-line*[115]. Também foi consultado o Portal Siscomex (Programa Portal Único de Comércio Exterior)[116] do Ministério da Economia, a fim de esclarecer dúvidas sobre as classificações dos itens.

Quanto aos tributos PIS e Cofins, foram pesquisadas as alíquotas para os regimes cumulativo e não cumulativo. Todavia, por uma questão de espaço, neste capítulo será apresentada a versão resumida da tabela, apenas com o regime não cumulativo[117]. A tabela completa com ambos os regimes se encontra no anexo desta publicação. Em relação ao ICMS, foi utilizada alíquota interna de Minas Gerais. O total estimado se deu pela soma das alíquotas, tendo em vista que esses tributos indiretos são caracterizados pelo repasse ao consumidor final (SILVEIRA *et al.*, 2022).

As alíquotas referem-se a produtos apenas da respectiva NCM. Alguns produtos podem se classificar em diferentes NCMs devido à diferença de materiais, componentes, entre outros fatores – as mamadeiras, por exemplo, têm diversas classificações de acordo com o material do pote, do bico e outros acessórios. A tabela foi dividida entre as oito categorias semelhantes, a fim de facilitar a visualização e a análise.

6.3.1. TRIBUTAÇÃO SOBRE ABSORVENTES, TAMPÕES E COLETORES MENSTRUAIS, ABSORVENTES PARA SEIOS, FRALDAS INFANTIS E GERIÁTRICAS

Na Tabela 9, observamos que a tributação sobre absorventes e tampões menstruais, absorventes para seios (utilizados durante o período de amamentação) e fraldas infantis pode chegar a uma alíquota de 27,25% entre os tributos pesquisados.

No caso das fraldas geriátricas, produtos utilizados por idosos e pessoas com deficiência, o Estado atua de duas formas para garantir o amplo acesso a esse item: fornecimento gratuito pelo Sistema Único

---

115 Consulta realizada em janeiro de 2023 em: https://www.iobonline.com.br/.

116 Consulta realizada em janeiro de 2023 em: https://portalunico.siscomex.gov.br/classif/#/sumario?perfil=publico.

117 Sabe-se que o regime não cumulativo pode contar com aproveitamento de créditos que o regime cumulativo não tem, o que significa que a carga tributária pode ser menor que a alíquota estimada. Todavia, essa investigação tem por objetivo estimar a alíquota máxima de incidência, e, principalmente, comparar as alíquotas entre os produtos, analisando por que alguns recebem benefícios fiscais e outros não.

de Saúde (SUS) e subsídio de 90% do preço no Programa Farmácia Popular do Brasil (PFPB – Decreto Federal nº 5.090/2004).

Na primeira opção, as fraldas geriátricas são fornecidas gratuitamente nas Unidades Básicas de Saúde (UBS) mediante prescrição médica. Todavia, o fornecimento depende de disponibilidade local, o que nem sempre ocorre, apesar de alguns municípios e do Distrito Federal empregarem programas específicos para garantir o acesso gratuito às fraldas geriátricas[118].

Além disso, mais de 150 marcas de fraldas geriátricas estão inclusas no PFPB com até 90% de desconto[119] e podem ser adquiridas mediante laudo, atestado ou receita médica[120]. Por esse motivo, as fraldas geriátricas fornecidas pelo PFPB possuem isenção de ICMS em Minas Gerais[121]. Já o restante das marcas de fraldas geriátricas não inclusas no PFPB pode chegar a ter incidência de alíquota dos tributos pesquisados de até 27,25%.

---

118 Ver: https://defensoria.mg.def.br/defensoria-publica-de-minas-e-prefeitura-de-bh-ampliam-parceria-para-o-for necimento-de-fraldas-geriatricas/ e https://www.saude.df.gov.br/documents/37101/177964/1.-Protocolo-de-Forneci mento-de-Fraldas.pdf. Acesso em: 28 fev. 2023.

119 Disponível em: https://www.gov.br/saude/pt-br/composicao/sectics/farmacia-popular%20old/codigos-de-barra-uso-exclusivo-da-farmacia/lista-de-fraldas-geri-tricas-18-09-2020.pdf/view. Acesso em: 28 fev. 2023.

120 "Para a obtenção dos medicamentos e/ou fraldas geriátricas pelo Programa Farmácia Popular do Brasil (PFPB), o paciente deve comparecer a um estabelecimento credenciado, identificado pelo adesivo com a logomarca do Programa Farmácia Popular do Brasil (PFPB), apresentando os seguintes documentos: – documento oficial com foto e número do CPF ou documento de identidade em que conste o número do CPF; – receita médica dentro do prazo de validade, tanto do SUS quanto de serviços particulares. Para a obtenção de fraldas geriátricas para incontinência, o paciente deverá ter idade igual ou superior a 60 (sessenta) anos ou ser pessoa com deficiência, e deverá apresentar prescrição, laudo ou atestado médico que indique a necessidade do uso de fralda geriátrica, no qual conste, na hipótese de paciente com deficiência, a respectiva Classificação Internacional de Doenças (CID)" (BRASIL, [s. l.]).

121 "Saída, em operação interna ou interestadual, de produto farmacêutico e de fralda geriátrica, promovida pela Fundação Oswaldo Cruz (FIOCRUZ) com destino a farmácia que faça parte do Programa Farmácia Popular do Brasil, instituído pelo Decreto Federal nº 5.090, de 20 de maio de 2004. A isenção prevista neste item aplica-se também à saída, em operação interna, promovida pela farmácia que faça parte do Programa, de produto farmacêutico ou de fralda geriátrica recebidos da FIOCRUZ com destino a pessoa física, consumidora final" (Redação dada à linha 148 pelo Decreto nº 44.951, de 18.11.2008, *DOE* MG de 19.11.2008, com efeitos a partir de 25.07.2008).

Os coletores menstruais, apesar de possuírem a mesma função dos absorventes e se encaixarem na descrição literal da NCM 9619.00.00, são classificados em diferente NCM, sob o argumento de que o coletor "não absorve o fluxo menstrual, apenas o coleta"[122]. Assim, os coletores são classificados na NCM 3924.90.00, mesma classificação de pás de lixo e baldes de plástico, e sofrem incidência de uma alíquota maior que os absorventes convencionais, de até 33,75%[123].

Quando observamos a tributação sobre esponjas de maquiagem, que estão no mesmo capítulo e em posição de classificação próxima aos absorventes e congêneres, percebemos que esses produtos supérfluos têm alíquota zero de IPI e contam com uma alíquota total estimada de 27,25%, o mesmo valor incidente sobre absorventes e fraldas infantis e inferior ao dos coletores menstruais. Todavia, esses produtos possuem funções completamente distintas: absorventes e coletores são produtos essenciais, ligados a uma condição biológica inafastável de meninas e mulheres, assim como fraldas infantis, que são indispensáveis para a saúde de bebês e crianças, e os absorventes para seios, também de uso imprescindível durante a amamentação. Já as esponjas de maquiagem são produtos supérfluos e prescindíveis, mas contam com a mesma alíquota que os produtos essenciais mencionados e são menos tributados que os coletores menstruais.

Ademais, as fraldas geriátricas inegavelmente são produtos essenciais ligados à condição biológica, seja por deficiência, seja por idade, e a sua viabilização, via fornecimento gratuito pelo SUS, via subsídio na Farmácia Popular, efetiva o direito à saúde e os princípios da capacidade contributiva e da seletividade. Mas, do mesmo modo, são igualmente essenciais à dignidade e à saúde as fraldas infantis, os absorventes e coletores menstruais e os absorventes para amamentação, de forma que esses produtos deveriam contar com o esforço estatal tanto na disponibilidade gratuita quanto no subsídio por meio da inclusão no PFPB.

---

122 Consulta nº 37, de 4 de fevereiro de 2016. O código NCM encontra-se indicado no Protocolo ICMS 164/2010, firmado entre os Estados do Paraná e de São Paulo. Não consta divergência de classificação de mercadoria no Siscomex.

123 Vale destacar que coletor menstrual ainda é uma alternativa mais sustentável, pois seu uso pode economizar até mil absorventes descartáveis. Disponível em: https://inciclo.com/pages/o-que-e-o-coletor-menstrual. Acesso em: 28 fev. 2023.

Tabela 9 – Incidência de tributos indiretos sobre absorventes, tampões e coletores menstruais, absorventes para seios, fraldas infantis e geriátricas

Produto	NCM	Descrição do item na TIPI	IPI	PIS/Cofins	ICMS	Total
Absorventes menstruais e tampões; absorventes para seios; fraldas infantis	9619.00.00	Absorventes (pensos) e tampões higiênicos, cueiros, fraldas e artigos higiênicos semelhantes, de qualquer matéria	0%	9,25%	18%	27,25%
Fraldas geriátricas do Programa Farmácia Popular	9619.00.00	Absorventes (pensos) e tampões higiênicos, cueiros, fraldas e artigos higiênicos semelhantes, de qualquer matéria	0%	9,25%	0%	9,25%
Fraldas geriátricas fora do Programa Farmácia Popular	9619.00.00	Absorventes (Pensos) e tampões higiênicos, cueiros, fraldas e artigos higiênicos semelhantes, de qualquer matéria	0%	9,25%	18%	27,25%
Coletores menstruais	3924.90.00	Plásticos e suas obras – Serviços de mesa, artigos de cozinha, outros artigos de uso doméstico e artigos de higiene ou de toucador, de plástico. – Outros	6,5%	9,25%	18%	33,75%
Esponja de maquiagem	9616.20.00	Borlas ou esponjas para pós ou para aplicação de outros cosméticos ou de produtos de toucador	0%	9,25%	18%	27,25%

Alíquota de PIS/Cofins referente ao regime não cumulativo.
Alíquota de ICMS referente à alíquota interna para Minas Gerais.

Fonte: Elaborada pela autora com base na Tabela TIPI (Decreto nº 11.158/2022), Portal IOB e Portal Único Siscomex.

6.3.2. TRIBUTAÇÃO SOBRE MÉTODOS CONTRACEPTIVOS

Os produtos relativos à contracepção são itens essenciais que garantem os direitos sexuais e reprodutivos. A Tabela 10 compreende os preservativos (masculinos e, em tese, também os femininos), as pílulas anticoncepcionais, o dispositivo intrauterino (DIU) hormonal e o dispositivo intrauterino (DIU) de cobre.

Tabela 10 – Incidência de tributos indiretos sobre métodos contraceptivos

Produto	NCM	Descrição do item na TIPI	IPI	PIS/Cofins	ICMS	Total
Preservativos	4014.10.00	Preservativos	0%	9,25%	0%	9,25%
Pílulas anticoncepcionais[124] e DIU hormonal	3006.60.00	Preparações químicas contraceptivas à base de hormônios, de outros produtos da posição 29.37 ou de espermicidas	0%	12%*	18%	30%
DIU de cobre	9018.90.99	Outros instrumentos e aparelhos – Outros	5,2%	9,25%*	18%	32,45%
Viagra (citrato de sildenafila)	2935.90.19	Sulfonamidas – Outras	0%	0%	18%	18%

Alíquota de PIS/Cofins referente ao regime não cumulativo.
Alíquota de ICMS referente à alíquota interna para Minas Gerais.
Dispositivo intrauterino (DIU) de cobre classificado na NCM 9018.90.99 conforme Solução de Consulta COANA nº 189/2015.
Citrato de sildenafila classificado na NCM 2935.90.19 conforme Solução de Consulta COSIT nº 98394/2021.
* Há isenção[125] de PIS/Cofins quando o produto é destinado a hospitais, clínicas de saúde, entre outros, mas isso não se aplica para venda em farmácias, assim, não impacta para o consumidor final.

Fonte: Elaborada pela autora com base na Tabela TIPI (Decreto nº 11.158/2022), Portal IOB e Portal Único Siscomex.

---

124 Há também pílulas contraceptivas em outras NCMs de acordo com as diferentes composições hormonais.

125 "Art. 458. Ficam reduzidas a 0% (zero por cento) as alíquotas da Contribuição para o PIS/Pasep e da Cofins incidentes sobre a receita bruta da venda de produtos classificados nas posições 30.02, 30.06, exceto 3006.93.00, 3822.11.00, 3822.13.00, 3822.19.40, 39.26, 40.15 e 90.18 da Tipi, relacionados no Anexo V, destinados ao uso em hospitais, clínicas, e consultórios médicos e odontológicos, campanhas de saúde realizadas pelo poder público, laboratório de anatomia patológica, citológica ou de análises clínicas (Lei nº 10.637, de 2002, art. 2º, § 3º, com redação dada pela Lei nº 11.488, de 2007, art. 17; Lei nº 10.833, de 2003, art. 2º, § 3º, com redação dada pela Lei nº 11.196, de 2005, art. 43; e Decreto nº 6.426, de 2008, art. 1º, inciso III, e Anexo III, com redação dada pelo Decreto nº 10.933, de 2022, Anexo" (BRASIL. Ministério da Economia/Secretaria Especial da Receita Federal do Brasil. Instrução Normativa RFB nº 2.121, de 15 de dezembro de 2022. Consolida as normas sobre a apuração, a cobrança, a fiscalização, a arrecadação e a administração da Contribuição para o PIS/Pasep, da Contribuição para o Financiamento da Seguridade Social [Cofins], da Contribuição para o PIS/Pasep-Importação e da Cofins-Importação. *Diário Oficial da União*, 20 dez. 2022, seção 1, p. 46. Disponível em: https://www.in.gov.br/en/web/dou/-/instrucao-normativa-rfb-n-2.121-de-15-de-dezembro-de-2022-452045866. Acesso em: 20 mar. 2023).

Em relação aos preservativos, as chamadas "camisinhas" masculinas são disponibilizadas gratuitamente pelo SUS nas UBSs em sua forma "genérica" e amplamente acessadas pela população[126]. No que concerne aos métodos contraceptivos femininos, são disponibilizados pelo PFPB quatro tipos de anticoncepcionais com até 90% de desconto[127]. Além disso, o DIU de cobre é implantado gratuitamente pelo SUS mediante avaliação médica[128].

Em relação aos preservativos masculinos de "marca", aqueles vendidos em farmácias, estes são tributados pela alíquota básica de PIS/Cofins e recebem isenção[129] de ICMS, assim, contam com uma tributação de até 9,25% entre os tributos pesquisados. Outro produto consumido hegemonicamente por homens, o citrato de sildenafila, popularmente conhecido pela marca Viagra, utilizado na disfunção erétil masculina, conta, além da isenção de IPI, com isenção de PIS/Cofins[130], e pode chegar a uma tributação de até 18%. O mesmo tratamento tributário não é observado nos contraceptivos femininos da NCM 3006.60.00, que incluem alguns tipos de pílulas anticoncepcionais e o dispositivo intrauterino hormonal (DIU de progesterona), que não é ofertado pelo SUS, assim, esses itens podem ser tributados em uma alíquota de até 30%.

Importante esclarecer que a taxa de eficácia dos contraceptivos segundo o Centers for Disease Control and Prevention (CDC) dos dispo-

---

126 Os preservativos femininos são escassos e, por serem produtos menos conhecidos, possuem taxa de falha quase 50% maior no uso comum que os preservativos masculinos (ver: https://www.ribeiraopreto.sp.gov.br/files/ssau de/pdf/i16pf-ficha_met_contraceptivos.pdf). Os preservativos femininos só começaram a ser distribuídos pelo SUS em 2012 (https://www.conass.org.br/sus-comeca-a-distribuir-camisinhas-femininas/).

127 Importante destacar que a lista de anticoncepcionais do PFPB não é atualizada há pelo menos 15 anos, e os poucos anticoncepcionais disponíveis são das primeiras gerações de contraceptivos, e causam mais efeitos colaterais que os medicamentos mais novos. Disponível em: https://www.gov.br/saude/pt-br/composicao/sectics/farmacia-popular%20old/codigos-de-barra-uso-exclusivo-da-farmacia/lista-de-fraldas-geri-tricas-18-09-2020.pdf/view. Acesso em: 28 fev. 2023.

128 Disponível em: https://www.gov.br/saude/pt-br/assuntos/noticias/2021-1/outubro/ministerio-da-saude-recomen da-que-insercao-do-diu-no-sus-seja-realizada-por-medicos. Acesso em: 28 fev. 2023.

129 RICMS-MG/2002, Anexo I, Parte 1, Tabela 4, Linha 96.

130 Art. 1º, I, do Decreto nº 6.426, de 7 de abril de 2008.

sitivos intrauterinos é, no mínimo, 10 vezes maior que a dos preservativos. Os dados médicos indicam que a taxa de falha (em uso típico para 100 mulheres em 1 ano) da camisinha masculina é de 13%; e da camisinha feminina, de 21%. Já para as pílulas anticoncepcionais, a taxa de falha é de 7%, enquanto para o DIU de cobre a taxa de falha é de 0,8% e para o DIU hormonal, de 0,1% a 0,4%[131].

Sabe-se que os anticoncepcionais são fundamentais para o direito sexual e reprodutivo das mulheres. Segundo o IBGE (Pesquisa Nacional de Saúde, 2019), entre as mulheres que ainda menstruam e usam métodos contraceptivos, 20,4% utilizam a camisinha masculina, enquanto 40,6% utilizam pílula anticoncepcional. Somando os métodos masculinos (vasectomia, 5,6%; camisinha masculina, 20,4%), o restante do percentual se dá em métodos contraceptivos dos quais as próprias mulheres têm controle (pílula anticoncepcional, 40,6%; laqueadura, 17,3%; injeções contraceptivas 9,8%; DIU 4,4%; outros métodos, 0,9%). Para a autonomia reprodutiva das mulheres, é fundamental que elas tenham acesso ao planejamento familiar e a métodos contraceptivos dos quais elas tenham controle[132].

Em síntese, as políticas públicas para o acesso a métodos contraceptivos incluem fornecimento gratuito de camisinhas masculinas, subsídio de 90% do preço em quatro marcas de anticoncepcionais femininos pelo PFPB e oferta pelo SUS do DIU de cobre. Além disso, as camisinhas comerciais e os medicamentos para disfunção erétil contam com benefícios fiscais que não são estendidos aos anticoncepcionais femininos: enquanto os preservativos de "marca" chegam a uma tributação máxima de 9,25% e o "Viagra" pode chegar a uma tributação de 18%, a grande maioria das pílulas e o DIU hormonal, ambos de eficácia contraceptiva superior à das camisinhas, podem sofrer com uma alíquota de até 30%, quase três vezes maior.

---

131 Disponível em: https://www.cdc.gov/reproductivehealth/contraception/index. htm. Acesso em: 28 fev. 2023.

132 É fundamental que as mulheres tenham controle sobre método contraceptivo, visto que não é incomum a prática masculina de retirar o preservativo sem consentimento da parceira durante a relação sexual. Inclusive, a conduta tem sido tipificada criminalmente em diversos países. Disponível em: https://www.migalhas.com.br/ quentes/353122/ stealthing-retirar-a-camisinha-durante-o-sexo-e-crime. Acesso em: 28 fev. 2023.

Não se nega aqui que os preservativos masculinos sejam produtos essenciais e devam contar com benefícios tributários, inclusive por serem os preservativos o único método que previne a transmissão de infecções sexualmente transmissíveis (ISTs). Todavia, o tratamento tributário direcionado às camisinhas masculinas comerciais como bens essenciais também deve ser fornecido aos contraceptivos femininos com vistas à garantia da autonomia da mulher no planejamento familiar e aos seus direitos sexuais e reprodutivos.

6.3.3. TRIBUTAÇÃO SOBRE POMADAS PREVENTIVAS DE ASSADURAS E POMADAS PARA PROTEÇÃO DE MAMILOS DURANTE A AMAMENTAÇÃO E TRIBUTAÇÃO SOBRE LENÇOS UMEDECIDOS

No capítulo 34 da TIPI[133], que diz respeito a sabões e ceras, podemos observar três produtos com utilidade distinta (Tabela 11). Primeiro, temos as ceras à base de vaselina e lanolina, que são utilizadas na fabricação de creme de assaduras e pomadas hidratantes de mamilos durante o período de amamentação[134]. Esses produtos ligados a condições biológicas e prescritos por profissionais de saúde podem ser tributados em até 37% em IPI, PIS/Cofins e ICMS, alíquota superior à que incide sobre ceras para lustrar veículos, que são produto supérfluo, cuja tributação pode chegar a 33,75% nos tributos pesquisados. Essas ceras para lustrar carro são tributadas na mesma medida que lenços umedecidos[135], itens essenciais para higienização de bebês, idosos e pessoas com deficiência que precisam desse tipo de cuidado.

Não é preciso muito mais para concluir que um creme para prevenção de assaduras ser mais tributado que uma cera de lustrar carro fere o princípio da essencialidade tributária e, por consequência, a CRFB/88.

---

133 Capítulo 34: Sabões, agentes orgânicos de superfície, preparações para lavagem, preparações lubrificantes, ceras artificiais, ceras preparadas, produtos de conservação e limpeza, velas e artigos semelhantes, massas ou pastas para modelar, "ceras para dentistas" e composições para dentistas à base de gesso.

134 Durante o processo de amamentação, é comum ocorrerem fissuras mamárias e é recomendado por dermatologistas o uso de pomadadas hidratantes à base de lanolina. Disponível em: https://www.correiodopovo.com.br/vivabem/como-cuidar-dos-mamilos-rachados-das-mam%C3%A3es-para-que-amamentem-sem-dor-1.460840. Acesso em: 28 fev. 2023.

135 Lenços umedecidos, conhecidos pelo seu uso para limpeza de bebês, são classificados na NCM 3401.11.90, conforme reitera a Solução de Consulta nº 98.198 Cosit, de 30 de agosto de 2018.

Tabela 11 – Incidência de tributos indiretos sobre pomadas preventivas de assaduras, cera de proteção de mamilos e lenços umedecidos

Produto	NCM	Descrição do item na TIPI	IPI	PIS/Cofins	ICMS	Total
Pomadas preventivas de assaduras e pomadas hidrantes de mamilos durante amamentação	3404.90.21	Ceras artificiais e ceras preparadas - À base de vaselina e álcoois de lanolina (eucerina anidra)	9,75%	9,25%	18%	37%
Cera automotiva	3405.30.00	Preparações para dar brilho a pinturas de carroçarias e produtos semelhantes, exceto preparações para dar brilho a metais	6,5%	9,25%	18%	33,75%
Lenço umedecido	3401.11.90	Outros	3,25%	12,5%	18%	33,75%

Alíquota de PIS/Cofins referente ao regime não cumulativo.
Alíquota de ICMS referente à alíquota interna para Minas Gerais.

Fonte: Elaborada pela autora com base na Tabela TIPI (Decreto nº 11.158/2022), Portal IOB e Portal Único Siscomex.

6.3.4. TRIBUTAÇÃO SOBRE TALCO PARA PREVENIR ASSADURAS

Ao comparar dois produtos do capítulo 33 (Óleos essenciais e resinoides; produtos de perfumaria ou de toucador preparados e preparações cosméticas), observamos que os talcos utilizados para evitar assaduras em bebês, idosos ou pessoas com deficiência que fazem uso de fraldas sofrem com alíquota de até 45,3%, tributados como produto de luxo, mesma alíquota incidente sobre as águas-de-colônia, produtos não essenciais, considerados "de luxo", conforme nos mostra a Tabela 12.

Tabela 12 – Incidência de tributos indiretos sobre talco

Produto	NCM	Descrição do item na TIPI	IPI	PIS/Cofins	ICMS	Total
Talco para prevenir assaduras	3304.91.00 Ex. 01	Talco e polvilho com ou sem perfume	7,8%	12,5%	25%	45,3%
Águas-de-colônia	3303.00.20	Águas-de-colônia	7,8%	12,5%	25%	45,3%

Alíquota de PIS/Cofins referente ao regime não cumulativo.
Alíquota de ICMS referente à alíquota interna para Minas Gerais.

Fonte: Elaborada pela autora com base na Tabela TIPI (Decreto nº 11.158/2022), Portal IOB e Portal Único Siscomex.

6.3.5. TRIBUTAÇÃO SOBRE BICO PARA MAMADEIRA E BICO ADAPTADOR DE MAMILO PARA AMAMENTAÇÃO

De acordo com a Tabela 13, os bicos de mamadeira e os protetores de mamilo para amamentação são classificados na NCM 3924.90.00[136], Capítulo 39: Plástico e suas Obras e Posição: Serviços de mesa, artigos de cozinha, outros artigos de uso doméstico e artigos de higiene ou de toucador, de plástico, mesma classificação de NCM dos potes de água para cães.

Apesar de os bicos para mamadeira e os protetores de mamilos serem produtos essenciais, cotidianamente utilizados durante a amamentação e outros serem produtos não essenciais, ambos são tributados com uma alíquota de até 33,75%.

Tabela 13 – Incidência de tributos indiretos sobre bico para mamadeira e bico adaptador de mamilos para amamentação

Produto	NCM	Descrição do item na TIPI	IPI	PIS / Cofins	ICMS	Total
Bico para mamadeira e protetor de mamilo para amamentação	3924.90.00	Serviços de mesa, artigos de cozinha, outros artigos de uso doméstico e artigos de higiene ou de toucador, de plástico - Outros	6,5%	9,25%	18%	33,75%
Pote de água para cães	3924.90.00	Serviços de mesa, artigos de cozinha, outros artigos de uso doméstico e artigos de higiene ou de toucador, de plástico - Outros	6,5%	9,25%	18%	33,75%

Alíquota de PIS/Cofins referente ao regime não cumulativo.
Alíquota de ICMS referente à alíquota interna para Minas Gerais.

Fonte: Elaborada pela autora com base na Tabela TIPI (Decreto nº 11.158/2022), Portal IOB e Portal Único Siscomex.

6.3.6. TRIBUTAÇÃO SOBRE BOMBAS DE AMAMENTAÇÃO

Os produtos apresentados na Tabela 14 fazem parte do mesmo capítulo[137] e da mesma posição[138] na TIPI, contudo, compressores de ar

---

136 Conforme Solução de Consulta nº 98.177 Cosit, de 8 de junho de 2020.

137 Capítulo 84: Reatores nucleares, caldeiras, máquinas, aparelhos e instrumentos mecânicos, e suas partes.

138 Posição: Bombas de ar ou de vácuo, compressores de ar ou de outros gases e ventiladores; coifas aspirantes (exaustores*) para extração ou reciclagem, com ven-

utilizados, por exemplo, para encher pneu de veículos ou fazer lavagem de alta pressão possuem uma incidência tributária de até 9,25%, enquanto bombas para amamentação sofrem com alíquotas quase três vezes maiores, de 27,25%.

Tabela 14 – Incidência de tributos indiretos sobre bombas
extratoras de leite para amamentação

Produto	NCM	Descrição do item na TIPI	IPI	PIS/ Cofins	ICMS	Total
Bomba de amamentação (elétrica ou a vácuo)	8414.10.00	Bombas de vácuo	0%	9,25%	18%	27,25%
Compressor de ar	8414.40.10	Compressores de ar montados sobre chassis com rodas e rebocáveis De deslocamento alternativo	0%	9,25%	0%	9,25%

Alíquota de PIS/Cofins referente ao regime não cumulativo.
Alíquota de ICMS referente à alíquota interna para Minas Gerais.

Fonte: Elaborada pela autora com base na Tabela TIPI (Decreto nº 11.158/2022), Portal IOB e Portal Único Siscomex.

6.3.7. TRIBUTAÇÃO SOBRE VESTUÁRIO E ACESSÓRIOS DE ALGODÃO PARA BEBÊS E SUTIÃ PARA AMAMENTAÇÃO

Acerca dos produtos da Tabela 15, é preciso apontar que os sutiãs, independentemente da finalidade, sejam aqueles específicos para amamentação, sejam os do tipo *lingerie* de luxo, são colocados na mesma NCM (6212.10.00) e sofrem a mesma alíquota tributária (até 27,25%). Trata-se da mesma alíquota de cinta modeladora de compressão, produto que supostamente serve para afinar a cintura das mulheres ou utilizado após cirurgias plásticas, como lipoaspiração, supostamente para aproximá-las de um padrão de beleza pautado pela magreza. Essa também é a mesma alíquota média que incide sobre roupas de algodão para bebês, produtos indispensáveis. Portanto, o princípio da seletividade tributária em função da essencialidade dos produtos parece não ser respeitado quando produtos básicos são tributados na mesma medida que produtos supérfluos.

---

tilador incorporado, mesmo filtrantes.

Tabela 15 – Incidência de tributos indiretos sobre vestuário e acessórios de algodão para bebês e sutiã para amamentação

Produto	NCM	Descrição do item na TIPI	IPI	PIS/Cofins	ICMS	Total
Vestuário e acessórios de algodão para bebês	6111.20.00	Vestuário e seus acessórios, de malha, para bebês. – De algodão	0%	9,25%	18%	27,25%
Sutiã de amamentação	6212.10.00	Sutiãs e bustiês	0%	9,25%	18%	27,25%
Cinta modeladora	6212.20.00	Cintas e cintas-calças	0%	9,25%	18%	27,25%

Alíquota de PIS/Cofins referente ao regime não cumulativo.
Alíquota de ICMS referente à alíquota interna para Minas Gerais.

Fonte: Elaborada pela autora com base na Tabela TIPI (Decreto nº 11.158/2022), Portal IOB e Portal Único Siscomex.

6.3.8. TRIBUTAÇÃO SOBRE CARRINHOS E OUTROS VEÍCULOS PARA TRANSPORTE DE BEBÊS

Por último, quando comparamos a tributação de dois dos produtos do capítulo 87 da TIPI[139], observamos que carrinhos e outros objetos semelhantes para transporte de crianças sofrem com as mesmas alíquotas que veículos do tipo *trailer*, utilizados em atividades de lazer, contrariando o princípio da seletividade, como mostra a Tabela 16.

Tabela 16 – Incidência de tributos indiretos sobre carrinhos e outros veículos para transporte de bebês

Produto	NCM	Descrição do item na TIPI	IPI	PIS/Cofins	ICMS	Total
Carrinhos e veículos para bebês e crianças	8715.00.00	Carrinhos e veículos semelhantes para transporte de crianças, e suas partes	6,5%	9,25%	18%	33,75%
Trailer para acampar	8716.10.00	Reboques e semirreboques, para habitação ou para acampar, do tipo *trailer* (caravana")	6,5%	9,25%	18%	33,75%

Alíquota de PIS/Cofins referente ao regime não cumulativo.
Alíquota de ICMS referente à alíquota interna para Minas Gerais.

Fonte: Elaborada pela autora com base na Tabela TIPI (Decreto nº 11.158/2022), Portal IOB e Portal Único Siscomex.

---

139 Veículos automóveis, tratores, ciclos e outros veículos terrestres, suas partes e acessórios.

6.4. CONSIDERAÇÕES FINAIS

A doutrina pesquisada apontou que o princípio da capacidade contributiva decorre do princípio da igualdade e que, como mandamento que atravessa todo o sistema tributário, deve alcançar todos os tributos. Na tributação indireta, a capacidade contributiva deve ser medida pelo consumo por meio do princípio da seletividade em função da essencialidade; assim, quanto mais essenciais forem os produtos, menor deve ser a tributação, enquanto, para os produtos supérfluos ou não essenciais, as alíquotas incidentes devem ser maiores. A própria CRFB/88, no art. 7°, IV, apresenta em quais categorias se encontram os produtos essenciais, dentre elas destacamos saúde, vestuário e higiene. Ademais, foram respondidas as alegações comuns sobre a não aplicação da seletividade, demonstrando que a redução da tributação ou aplicação de alíquota zero sobre bens essenciais é um importante instrumento de redução da regressividade na tributação indireta e é uma política progressiva em termos de classe e gênero.

Buscou-se, a partir dessas constatações, investigar as alíquotas tributárias incidentes sobre os produtos relativos a essas categorias mencionadas, ligados à fisiologia feminina, aos direitos sexuais, ao trabalho reprodutivo ou utilizados no cuidado de crianças, idosos e enfermos. De acordo com a literatura analisada, esses produtos essenciais, ligados a condições fisiológicas, à saúde e à higiene deveriam ser tributados de forma coerente com o princípio da seletividade. Todavia, a realidade encontrada foi oposta: esses produtos essenciais de uso obrigatório ou predominante feminino contam com alíquotas iguais ou superiores a de produtos supérfluos, sem qualquer justificativa normativa para esse tratamento tributário dispare.

A pesquisa indicou que os produtos de uso obrigatório, relacionados a uma condição fisiológica inafastável do sexo feminino (como os absorventes, os produtos ligados aos direitos reprodutivos, como pílulas contraceptivas e DIU, ou ao trabalho reprodutivo em si, como absorventes para seios e adaptadores de mamilos), sofrem com elevadas alíquotas tributárias, iguais ou maiores que as de produtos semelhantes. Um exemplo observado foi que a tributação sobre pílulas anticoncepcionais é três vezes maior que a de preservativos, e até o "Viagra" tem benefícios tributários que não são aplicados aos produtos femininos.

Tal fato pode ser considerado, inclusive, uma discriminação explícita às mulheres, pois, apesar de não haver em nenhuma legislação textualmente que os produtos ligados à fisiologia feminina devem ser mais tributados, no caso concreto isso é o que foi constatado.

Sobre os produtos relativos ao trabalho de cuidado com crianças, idosos e enfermos, foi demonstrado, ao longo da pesquisa, que esses trabalhos são desempenhados em sua maioria por mulheres. Além disso, os lares chefiados por mulheres têm gastos maiores nessas categorias de produtos de uso pessoal e medicamentos que os lares chefiados por homens, o que pode indicar que os consumidores dos produtos que envolvem o trabalho de cuidado tendem a ser mulheres.

Esta pesquisa indicou que as alíquotas incidentes sobre os produtos relacionados ao trabalho de cuidado, como pomadas preventivas de assaduras, talcos, vestuário de bebês e carrinhos para bebês, *são iguais ou superiores às* de produtos não essenciais próximos na TIPI, sem que fosse encontrada qualquer justificativa nas normas tributárias para explicar esse fato, o que demonstra também a existência de um viés – implícito – de discriminação às mulheres.

Misabel Derzi (1989, p. 157), acerca da tributação sobre a renda e as deduções sobre dependentes, relembra que o dever de assistir, criar e educar filhos menores, consagrado no art. 229 da CRFB/88, recebeu dignidade constitucional e não pode desencadear consequências fiscais mais gravosas. O mencionado artigo também impõe o dever dos filhos de ajudar e amparar os pais na velhice, carência ou enfermidade. Desse modo, se a Constituição trata o cuidado como direito e como dever, garante a igualdade de gênero e a proteção da família, não pode a tributação, direta ou indireta, trazer consequências mais gravosas a quem é responsável pelo cuidado dos filhos, idosos, enfermos e deficientes, que são, majoritariamente, mulheres.

Todos esses elementos indicam que as mulheres são duplamente penalizadas pela imposição social do trabalho de cuidado: gastam mais tempo com o trabalho não remunerado e possivelmente são mais oneradas pela tributação, visto que gastam mais que homens com produtos ligados ao cuidado, que são altamente tributados.

Ainda, como apontado ao longo do capítulo, é preciso que os produtos ligados à fisiologia do sexo feminino, aos direitos reprodutivos e ao trabalho de cuidado sejam, na medida do possível, fornecidos gratuitamente pelo SUS, além da inclusão desses produtos nas Farmácias Populares, e, ainda, do respeito ao princípio da seletividade com alíquotas módicas a que devem ser submetidos todos os produtos essenciais[140].

Por fim, é necessário reafirmar que não foram encontradas justificativas normativas para que os produtos essenciais femininos, ligados a uma condição fisiológica, e os produtos ligados ao cuidado sejam tributados como bens não essenciais, à revelia do que dispõe a CRFB/88.

É preciso questionar: as mulheres são mais afetadas pela tributação por conta dos produtos essenciais femininos e ligados ao cuidado, ou justamente esses produtos são desproporcionalmente tributados por serem produtos consumidos majoritariamente por mulheres? Independentemente da resposta, tal fato demonstra que essas escolhas tributárias não são neutras e atesta uma discriminação do sistema tributário brasileiro contra as mulheres.

---

140 Ver proposta do Grupo de tributação e gênero da FGV: https://direitosp.fgv. br/sites/default/files/2021-09/reforma _e_genero_-_final_1.pdf. Acesso em: 28 fev. 2023.

CAPÍTULO 7

CONCLUSÃO

Este trabalho objetivou investigar os vieses implícitos de gênero no sistema tributário brasileiro. O primeiro deles foi a regressividade tributária, e, apesar de já existirem estudos nesse sentido, esta pesquisa contribuiu em trazer uma investigação com dados econômicos atualizados sobre o cenário da regressividade e das desigualdades de gênero e raça.

Como abordado, a regressividade faz com que os mais pobres sejam proporcionalmente mais onerados que os mais ricos, à revelia do que impõe a justiça tributária elegida pela CRFB/88. Todavia, a pesquisa evidenciou quem são esses mais pobres: pessoas negras e, em sua maioria, mulheres negras. Nesse sentido, a investigação observou que a regressividade tributária brasileira aumenta a distância não apenas entre ricos e pobres, mas também entre pessoas brancas e negras e entre homens e mulheres. Desse modo, esta pesquisa concluiu que a regressividade do sistema tributário nacional constitui um viés implícito de gênero que onera mais as mulheres, especialmente as mulheres negras.

Assim, após concluir que a regressividade tributária se constitui em uma discriminação de gênero e raça, este trabalho pretendeu examinar os vieses implícitos existentes adiante. Como a literatura internacional apontou, vieses implícitos podem ser decorrentes dos diferentes papéis sociais impostos a homens e mulheres, que geram diferentes padrões de consumo. Para investigar a realidade brasileira, confirmou-se com dados empíricos que mulheres executam muito mais horas em trabalho doméstico e de cuidado, além de que as famílias chefiadas por mulheres são agrupamentos com menor presença de cônjuges e maior presença de idosos, o que corrobora o indicado na literatura sobre o trabalho de cuidado ser mais desempenhado pelas mulheres que pelos homens. Ademais, apurou-se que as famílias chefiadas por mulheres gastam mais que os lares chefiados por homens com categorias ligadas à subsistência da família e menos com acúmulo de bens, o que reitera que mulheres são mais afetadas pela regressividade justamente pelo sistema tributário brasileiro onerar mais o consumo que o patrimônio.

De forma inédita, esta pesquisa apurou que a tributação sobre consumo incidente sobre produtos ligados à fisiologia feminina e ao trabalho de cuidado ofende o princípio da seletividade tributária e, por consequência, o princípio da igualdade, preconizados na CRFB/88. Os resultados demonstraram que os produtos relacionados à fisiologia feminina sofrem com tributação igual ou superior à de seus semelhantes. No caso de anticoncepcionais, por exemplo, eles são três vezes mais onerados que as camisinhas, assim como os absorventes menstruais são três vezes mais onerados que as fraldas geriátricas do PFPB, e as bombas de amamentação, três vezes mais tributadas que bombas para encher pneu. Em relação aos produtos ligados ao cuidado, também se observou uma ofensa ao princípio da seletividade, com pomadas para assaduras e pomadas para mamilos sofrendo com uma tributação maior que a de cera para carros, e carrinhos de bebês com tributação igual à de *trailers* de passeio. Nesse sentido, concluiu-se que a tributação sobre os produtos ligados à fisiologia feminina e ao trabalho de cuidado também constitui uma discriminação às mulheres no sistema tributário brasileiro.

De modo geral, o cenário das desigualdades brasileiras demonstra que as mulheres recebem salários menores que os dos homens para os mesmos cargos e para mesma faixa de escolaridade. Na média, homens e mulheres brancos auferem renda superior à de homens e mulheres negras. Ainda, foi constatado que as mulheres, em geral, continuam a ser exploradas na realização gratuita de uma enorme carga de trabalho, despendendo o dobro de horas em trabalho não remunerado que os homens. A divisão sexual do trabalho também influencia nos gastos das famílias, visto que os lares chefiados por mulheres gastam mais com subsistência do lar, como em habitação, transporte público, higiene, saúde, especialmente medicamentos, enquanto os lares chefiados por homens gastam mais com aquisição de imóveis e veículos, planos de saúde e gasolina. Mesmo na análise interseccional, em que a questão racial se mostra intimamente ligada à desigualdade de renda, os domicílios chefiados por mulheres brancas e negras gastam mais em habitação, especialmente aluguel, e saúde, com destaque para medicamentos, que os lares chefiados por homens brancos e negros.

Assim, apesar – e em decorrência – do grave cenário de desigualdades que afeta as mulheres, especialmente as mulheres negras, em comparação com os homens, notadamente os homens brancos, as mulheres parecem ser interpeladas pela tributação indireta em pelo menos quatro esferas:

i. A regressividade afeta mais as mulheres que os homens, pois elas recebem salários inferiores a eles em todas as faixas de escolaridade; em relação à renda média, a regressividade afeta mais as pessoas negras, e mais ainda as mulheres negras.

ii. O modelo tributário brasileiro também prejudica as mulheres porque onera mais o consumo e pouco tributa renda e patrimônio, e, como visto, lares chefiados por mulheres gastam mais com subsistência, e lares chefiados por homens, com aquisição de bens.

iii. A tributação novamente afeta mais as mulheres por serem elas, de acordo com a divisão sexual do trabalho imposta pelo patriarcado, as responsáveis pelos trabalhos de cuidado e pelos gastos decorrentes dele, e, como demonstrado, os produtos relativos ao cuidado contam com uma tributação maior que seus semelhantes não essenciais.

iv. Por fim, as mulheres também são prejudicadas comparativamente aos homens em razão de sua condição biológica. Os produtos ligados à fisiologia feminina, desde absorventes menstruais até produtos relacionados à gestação, são mais tributados que seus semelhantes. Esses gastos são inafastáveis à materialidade biológica das mulheres e sem equiparação com a fisiologia do sexo masculino.

Para além de diagnósticos, próximas pesquisas devem buscar soluções para tornar o sistema tributário mais justo para todas e todos. Assim, algumas sugestões que foram abordadas nos capítulos, relacionadas direta ou indiretamente aos temas tratados, são apresentadas a seguir com objetivo de fomentar mais investigações:

i. A perspectiva de gênero e raça precisa ser incorporada como método de avaliação em todas as discussões de política econômica, tributária e orçamentária.

ii. Aumentar a progressividade tributária, com ampliação da tributação sobre renda e patrimônio, em especial, IRPF, grandes fortunas, lucros e dividendos, como políticas para diminuir desigualdades sociais, mas também de gênero e raça.

iii. Reduzir a tributação sobre consumo, conforme também indicou relatório do Made/USP, a fim de reduzir a regressividade tributária, também terá efeito na redução dos vieses de gênero.

iv. Em caso de unificação de tributos sobre consumo para instituição de imposto de base ampla (IVA/IBS), o princípio constitucional da seletividade tributária precisa ser respeitado, e bens essenciais, como alimentos, produtos relativos a higiene e saúde, precisam ser menos onerados que produtos supérfluos, conforme impõe a CRFB/88.

v. Garantir a efetivação de recursos para a distribuição de absorventes conforme o Programa de Proteção e Promoção da Saúde Menstrual, instituído pela Lei nº 14.214, de 6 de outubro de 2021.

vi. Incluir absorventes no PFPB para que toda menina, mulher e outras pessoas que menstruam tenham acesso a uma quantidade adequada de absorventes a baixo custo.

vii. Aliar políticas de distribuição gratuita, inclusão no PFPB e políticas para redução ou isenção de tributos sobre produtos essenciais, como preconiza a CRFB/88, ligados à fisiologia do sexo feminino: absorventes, coletores menstruais, anticoncepcionais, bicos adaptadores e pomadas para mamilos durante amamentação, bombas extratoras de leite, entre outros.

viii. Reconhecer os produtos ligados ao trabalho de cuidado como essenciais para fins de redução ou isenção da tributação.

ix. Reconhecer o tempo de trabalho doméstico e de cuidado para fins de aposentadoria, tal como dispõem o Decreto 475/2021 do ordenamento jurídico Argentino[141].

x. Reconhecer e mensurar o trabalho doméstico e de cuidado no Sistema de Contas Nacionais, como determina a Declaração e Plataforma de Ação da IV Conferência Mundial da Mulher. Já

---

141 Decreto 475/2021 DECNU-2021-475-APN-PTE – Ley nº 24.241. Modificación. Disponível em: http://servicios. infoleg.gob.ar/infolegInternet/anexos/350000-354999/352106/norma.htm. Acesso em: 20 mar. 2023.

existe a proposição metodológica das economistas Hildete Pereira de Melo e Lucilene Morandi (2021).

xi. Pesquisas do IBGE, do Ipea e de outros órgãos devem ampliar a divulgação de dados desagregados simultaneamente por gênero e raça.

A conclusão final deste estudo é de que o Estado brasileiro, por meio do seu sistema tributário, tem uma política de discriminação contra as mulheres. É preciso reiterar que, apesar de as pesquisas sobre tributação e gênero no Brasil e no mundo datarem de décadas atrás, o Estado brasileiro não empreendeu nenhuma reforma para eliminar ou diminuir vieses de gênero existentes na tributação, ao contrário de diversos países do Norte e do Sul Global, inclusive latino-americanos.

Espera-se, com esta publicação, contribuir para o debate e, especialmente, incentivar mais estudos no campo, tendo em vista que não é possível pensar em justiça tributária sem olhar para as desigualdades de gênero e raça e em como a tributação tem efeitos específicos sobre mulheres, pessoas negras e suas interseccionalidades. Mas, mais ainda, que pesquisas como esta impulsionem o Estado brasileiro a empreender medidas concretas para eliminar ou amenizar os vieses de gênero na tributação, dado que qualquer reforma que não se atenha às desigualdades de gênero e raça fará com que o sistema tributário brasileiro continue a perpetuar desigualdades.

REFERÊNCIAS

ABREU, Maira. Feminismo materialista na França: sócio-história de uma reflexão. *Revista Estudos Feministas*, Florianópolis, v. 26, n. 3, p. 1-17, 14 nov. 2018. Disponível em: http:// www.scielo.br/scielo.php?script=sci_arttext&pid=S0104-026X2018000300216&lng=pt&tlng= pt. Acesso em: 17 fev. 2023.

AFONSO, José Roberto *et al.* (org.). *Tributação e desigualdade.* Belo Horizonte: Letramento, 2017.

ALMEIDA, Silvio. *Racismo estrutural.* São Paulo: Sueli Carneiro: Pólen, 2019.

ALVES, Henrique Napoleão. Tributação e injustiça social no Brasil. *Revista Espaço Acadêmico*, [s. l.], v. 12, n. 133, p. 69-78, jun. 2012.

AMBROSANO, Danielle Victor. *Justiça fiscal e desigualdade de gênero e raça no Brasil.* 2021. 144 f. Dissertação (Mestrado em Direito) – Universidade Federal de Pernambuco, Recife, 2021.

ARRUZZA, Cinzia; BHATTACHARYA, Tithi. Teoría de la Reproducción Social. Elementos fundamentales para un feminismo marxista. *Archivos de historia del movimiento obrero y la izquierda*, Buenos Aires, ano VIII, n. 16, p. 37-69, mar./ago. 2020.

BARBOSA, Ana Luiza Neves de Holanda *et al. O consumo das famílias brasileiras*: um olhar de gênero e raça. [S. l.]: XXVII ENCONTRO NACIONAL DE ECONOMIA POLÍTICA, 2022.

BATISTA JÚNIOR, Onofre; OLIVEIRA, Ludmila Monteiro de; MAGALHÃES, Tarcísio Diniz (org.). *Estudos críticos do direito tributário*: ano 1. Belo Horizonte: Arraes Editores, 2018.

BHATTACHARYA, Tithi. O que é a teoria da reprodução social? *Revista Outubro*, [s. l.], v. 32, n. 1, p. 99-112, 2019.

BIROLI, Flávia; MIGUEL, Luis Felipe. Gênero, raça, classe: opressões cruzadas e convergências na reprodução das desigualdades. *Mediações – Revista de Ciências Sociais*, Londrina, v. 20, n. 2, p. 27-55, 2015. Disponível em: http://www.uel.br/revistas/uel/index.php/ mediacoes/article/view/24124. Acesso em: 17 fev. 2023.

BOTTEGA, Ana *et al.* Quanto fica com as mulheres negras? Uma análise da distribuição de renda no Brasil. Nota de Política Econômica, n. 018, 2021. Disponível em: https://made usp.com.br/publicacoes/artigos/quanto-fica-com-as-mulheres-negras-uma-analise-da-distribuicao-de-renda-no-brasil/. Acesso em: 17 fev. 2023.

BRASIL. *Constituição da República Federativa do Brasil.* Brasília: Presidência da República, 1988. Disponível em: https://www.planalto.gov.br/ccivil_03/constituicao/constituicao.htm. Acesso em: 17 fev. 2023.

BRASIL. Ministério da Economia/Secretaria Especial da Receita Federal do Brasil. Instrução Normativa RFB nº 2.121, de 15 de dezembro de 2022. Consolida as normas sobre a apuração, a cobrança, a fiscalização, a arrecadação e a administração da Contribuição para o PIS/Pasep, da Contribuição para o Financiamento da Seguridade Social (Cofins), da Contribuição para o PIS/Pasep-Importação e da Cofins-Importação. *Diário Oficial da União*, 20 dez. 2022, seção 1, p. 46. Disponível em: https://www.in.gov.br/en/web/dou/-/instrucao-normativa-rfb-n-2.121-de-15-de-dezembro-de-2022-452045866. Acesso em: 20 mar. 2023

BRASIL. Ministério da Saúde. Programa Farmácia Popular. [*S. l.*]. Disponível em: https://www. gov.br/saude/pt-br/acesso-a-informacao/acoes-e-programas/farmacia-popular. Acesso em: 28 fev. 2023.

BRASIL. Câmara do Deputados. *Proposta de Emenda Constitucional n. 45, de 2019.* Altera o Sistema Tributário Nacional e dá outras providências. Brasília, 2019. Disponível em: https:// www.camara.leg.br/proposicoesWeb/prop_mostrarintegra?codteor=1728369. Acesso em: 20 mar. 2023.

CENTRO DE CIDADANIA FISCAL. Alíquota Única do IBS. Versão 4.0. São Paulo: CCiF, junho de 2017. Disponível em: https://goo.gl/TnNWpf. Acesso em: 28 fev. 2023.

COLLINS, Patricia Hill; BILGE, Sirma. *Interseccionalidade*. São Paulo: Boitempo, 2021.

COSTA, Regina Helena. *Curso de direito tributário*: Constituição e Código Tributário Nacional. 9. ed. São Paulo: Saraiva Educação, 2019.

COSTA, Sérgio. *Dois Atlânticos*: teoria social, anti-racismo, cosmopolitismo. Belo Horizonte: Editora UFMG, 2006.

CRENSHAW, Kimberlé. A interseccionalidade na discriminação de raça e gênero. *In: VV. AA Cruzamento*: raça e gênero. Brasília: UNIFEM, 2004. v. 1. p. 7-16.

CRENSHAW, Kimberlé. Demarginalizing the Intersection of Race and Sex: A Black Feminist Critique of Antidiscrimination Doctrine, Feminist Theory and Antiracist Politics. *University of Chicago Legal Forum*, [*s. l.*], v. 8, n. 1, p. 139-167, 1989. Disponível em: https://chicagoun bound.uchicago.edu/cgi/viewcontent.cgi?article=1052&context=uclf. Acesso em: 17 fev. 2023.

DECLARAÇÃO e Plataforma de Ação da IV Conferência Mundial Sobre a Mulher – Pequim, 1995. Disponível em: https://www.onumulheres.org.br/wp-content/uploads/2013/03/declaracao _beijing.pdf. Acesso em: 17 fev. 2023.

DERZI, Misabel de Abreu Machado. A família e o direito tributário. *Revista de Direito Tributário*, v. 65, p. 139-149, 1995.

DERZI, Misabel de Abreu Machado. Família e tributação: a vedação constitucional de se utilizar tributo com efeito de confisco. *Revista da Faculdade de Direito da Universidade Federal de Minas Gerais*, Belo Horizonte, v. 32, p. 145-164, 1989.

DERZI, Misabel de Abreu Machado. Guerra fiscal, Bolsa Família e Silêncio (Relações, efeitos e regressividade). *Revista Jurídica da Presidência*, Brasília, v. 16, n. 108, p. 39-64, fev./maio 2014.

DERZI, Misabel de Abreu Machado; BUSTAMANTE, Thomas da Rosa de (org.). *Federalismo, justiça distributiva e* royalties *do petróleo*: três escritos sobre direito constitucional e o Estado federal brasileiro. Belo Horizonte: Arraes Editores, 2016.

DESIGUALDADE social renova recorde histórico no 1º trimestre, aponta estudo. *Valor Online*, 14 jun. 2021. Disponível em: https://g1.globo.com/economia/noticia/2021/06/14/desigualdade-social-renova-recorde-historico-no-1o-trimestre-aponta-estudo.ghtml. Acesso em: 4 set. 2021.

ELSON, Diane. Male Bias in the Development Process: An Overview. *In*: ELSON, Diane (org.). *Male Bias in the Development Process*. Manchester and New York: Manchester University Press, 1991. p. 1-28.

ELSON, Diane. The Impact of Structural Adjustment on Women: Concepts and Issues. *International Development Centre*, Faculty of Economic and Social Studies, University of Manchester, 1987. p. 1-37. Disponível em: https://econpapers.repec.org/RePEc:ags:umandp: 232636. Acesso em: 17 fev. 2023.

EM SÃO PAULO, Angela Davis pede valorização de feministas negras brasileiras. *Brasil de Fato*, 20 out. 2019. Disponível em: https://www.brasildefato.com.br/2019/10/20/em-sp-angela-davis-pede-valorizacao-de-feministas-negras-brasileiras. Acesso em: 6 nov. 2022.

ESTEVÃO, Marcello *et al*. How Tax Reform Can Promote Growth and Gender Equality in the Post-COVID Era. 2021. Disponível em: https://www.tax-platform.org/news/blog/Tax-Reform-Gender-Equality-in-the-Post-COVID-Era. Acesso em: 20 mar. 2023.

FEDERICI, Silvia. *O ponto zero da revolução*: trabalho doméstico, reprodução e luta feminista. [*S. l.*]: Elefante, 2019a.

FEDERICI, Silvia. *Calibã e a bruxa*: mulheres, corpo e acumulação primitiva. São Paulo: Elefante, 2019b.

FEITAL, Thiago Álvares. *Igualdade de gênero tributária*: contribuição para o debate sobre igualdade tributária e igualdade de gênero a partir dos direitos humanos. 2022. 437 f. Tese (Doutorado em Direito) – Universidade Federal de Minas Gerais, Belo Horizonte, 2022.

FEITAL, Thiago Álvares. *Subjetividade e direito tributário*: teorias da equidade na tributação e o sujeito do direito tributário. Rio de Janeiro: Lumen Juris, 2018.

FEITAL, Thiago Álvares. Tax Regressivity as Indirect Discrimination: An Analysis of the Brazilian Tax System in Light of the Principle of Non-discrimination. *RIL*, Brasília, v. 58, n. 230, p. 219-243, 2021.

FERNANDES, Rodrigo Cardoso; CAMPOLINA, Bernardo; SILVEIRA, Fernando Gaiger. Imposto de renda e distribuição de renda no Brasil. Texto para Discussão 2449, Brasília, fev. 2019.

FONTOURA, Natália. *Retrato das desigualdades de gênero e raça*: 1995 a 2015. [*S. l.: s. n.*], 2017.

GODOI BUSTAMANTE, Evanilda Nascimento de; BUSTAMANTE, Thomas da Rosa de. Existem bases tributárias dotadas de valor intrínseco? Uma reflexão político-filosófica sobre os fundamentos morais da tributação a partir dos escritos de Liam Murphy e Thomas Nagel. *Revista Direito, Estado e Sociedade*, [s. l.], n. 59, p. 209-240, jul./dez. 2021.

GOLDMAN, Wendy. *Mulher, Estado e Revolução*. São Paulo: Boitempo, 2014.

GOMES, João Pedro de Freitas *et al*. *O que a análise dos tributos diretos e das transferências monetárias no topo da distribuição nos informa sobre desigualdades de raça e gênero?* [S. l.: s. n.], 2022.

GONZALEZ, Lélia. *Por um feminismo afro-latino-americano*: ensaios, intervenções e diálogos. Rio de Janeiro: Zahar, 2020.

GROWN, Caren; VALODIA, Imraan (Org.). *Taxation and Gender Equity: A comparative analysis of direct and indirect taxes in developing and developed countries*. London: Routledge, 2010.

GUSTIN, Miracy; DIAS, Maria Tereza. *(Re)pensando a pesquisa jurídica*: teoria e prática. 3. ed. Belo Horizonte: Del Rey, 2010.

GUSTIN, Miracy Barbosa de Sousa; LARA, Mariana Alves; COSTA, Mila Batista Leite Corrêa. Pesquisa quantitativa na produção do conhecimento jurídico. *Revista da Faculdade de Direito UFMG*, Belo Horizonte, v. 60, p. 291-316, jan./jun. 2012.

HALL, John E. *Tratado de fisiologia médica*. 12. ed. Rio de Janeiro: Elsevier, 2011.

HIRATA, Helena; KERGOAT, Danièle. Novas configurações da divisão sexual do trabalho. *Cadernos de Pesquisa*, [s. l.], v. 37, n. 132, p. 595-609, set./dez. 2007.

IBGE. Desigualdades sociais por cor ou raça no Brasil. *Estudos e Pesquisas. Informações Demográficas e Socioeconômicas*, [s. l.], n. 41, 2019a. Disponível em: https://biblioteca.ibge. gov.br/visualizacao/livros/liv101681_informativo.pdf. Acesso em: 17 fev. 2023.

IBGE. *Estatísticas de Gênero*: Indicadores sociais das mulheres no Brasil. 2. ed. Informação Demográfica e Socioeconômica, Estudos e Pesquisas – Informação Demográfica e Socioeconômica, n. 38. Rio de Janeiro: IBGE, 2021.

IBGE. POF 2017-2018: Famílias com até R$ 1,9 mil destinam 61,2% de seus gastos à alimentação e habitação. *Agência IBGE Notícias*, 4 out. 2019b. Disponível em: https:// agenciadenoticias.ibge.gov.br/agencia-sala-de-imprensa/2013-agencia-de-noticias/releases/255 98-pof-2017-2018-familias-com-ate-r-1-9-mil-destinam-61-2-de-seus-gastos-a-alimentacao-e-habitacao. Acesso em: 17 fev. 2023.

IBGE. *Pesquisa de orçamentos familiares, 2017-2018*: primeiros resultados. Rio de Janeiro: IBGE, 2019c.

IBGE. *Pesquisa Nacional por Amostra de Domicílios Contínua – Notas técnicas*. [S. l.: s. n.], 2022.

JACCOUD, Luciana *et al*. Entre o racismo e a desigualdade: da constituição à promoção de uma política de igualdade racial (1988-2008). *In*: IPEA. *Políticas sociais*: acompanhamento e análise. Brasília: Ipea, 2009. p. 261-328.

JOSHI, Anuradha. Tax and Gender in Developing Countries: What are the Issues? Summary Brief., n. 6, 2017. Disponível em: https://www.ictd.ac/publication/ictd-sumbrief6/. Acesso em: 28 fev. 2023.

JURGA, Ina; YATES, Marc; BAGEL, Sarah. *What impact does a VAT / GST reduction or removal have price of menstrual products?* . Berlin: [s.n.], 2020. Disponível em: <https://periodtax.org/documents/periodtax-research-report_a.pdf>.

LAHEY, Kathleen A. Gender, Taxation and Equality in Developing Countries: Issues and Policy Recommendations. *UN WOMEN*, [s. l.], abr. 2018.

LAVINAS, Lena; DAIN, Sulamis. *Proteção social e justiça redistributiva*: como promover a igualdade de gênero. Rio de Janeiro: Fase, Novib, 2005.

LEÃO, Martha; DEXHEIMER, Vanessa. A tributação indireta e o mito da alíquota única. *Revista Direito Tributário Atual*, São Paulo: IBDT, v. 48, n. 48, p. 336-351, 2021.

LERNER, Gerda. *A criação do patriarcado*: história da opressão das mulheres pelos homens. São Paulo: Cultrix, 2019.

MARINHO, Marina Soares. *Funções da tributação*: a desconcentração de riquezas como fundamento para tributar. 2019. 198 f. Dissertação (Mestrado em Direito) – Universidade Federal de Minas Gerais, Belo Horizonte, 2019.

MARINHO, Marina Soares; MENEZES, Luiza Machado de O. Política fiscal da fome. *Jota*, São Paulo, 2 dez. 2021. Disponível em: https://www.jota.info/opiniao-e-analise/colunas/pauta-fiscal/politica-fiscal-da-fome-02122021. Acesso em: 28 fev. 2023.

MARINHO, Marina Soares; MENEZES, Luiza Machado de O. Política fiscal da fome – Parte II. *Jota*, São Paulo, 7 fev. 2022a. Disponível em: https://www.jota.info/opiniao-e-analise/colu nas/pauta-fiscal/politica-fiscal-da-fome-parte-ii-07022022. Acesso em: 28 fev. 2023.

MARINHO, Marina Soares; MENEZES, Luiza Machado de O. Política fiscal da fome – Parte III. *Jota*, São Paulo, 5 abr. 2022b. Disponível em: https://www.jota.info/opiniao-e-analise/colu nas/pauta-fiscal/politica-fiscal-da-fome-parte-iii-05042022. Acesso em: 28 fev. 2023.

MELO, Hildete Pereira de; MORANDI, Lucilene. Mensurar o trabalho não pago no Brasil: uma proposta metodológica. *Economia e Sociedade*, [s. l.], v. 30, n. 1, p. 187-210, jan./abr. 2021.

MENEZES, Luiza Machado de O. Gênero, raça e classe na tributação: por uma análise interseccional das desigualdades. *In*: OLIVEIRA, Daniela Olimpio de; GOMES, Pryscilla Régia de Oliveira (org.). *Tributação e sociedade*: sob perspectiva de mulheres tributaristas. São Paulo: Dialética, 2023. p. 179-196.

MORENO, Renata Faleiros Camargo. *Entre a família, o Estado e o mercado*: mudanças e continuidades na dinâmica, distribuição e composição do trabalho doméstico e de cuidado. 2019. 329 f. Tese (Doutorado em Sociologia) – Universidade de São Paulo, São Paulo, 2019.

OECD. *Tax Policy and Gender Equality*: A Stocktake of Country Approaches: Overview. Paris: OECD Publishing, 2022. Disponível em: https://www.oecd-ilibrary.org/taxation/tax-policy-and-gender-equality_b8177aea-en. Acesso em: 17 fev. 2023.

OLHE para a fome. [*S. d.*]. Disponível em: https://olheparaafome.com.br/. Acesso em: 28 fev. 2023.

OXFAM BRASIL. Nós e as Desigualdades. 2021. Disponível em: https://www.oxfam.org.br/ sites/default/files/arquivos/relatorio_nos_e_as_desigualdades_datafolha_2019.pdf. Acesso em: 28 fev. 2023.

PACOBAHYBA, Fernanda. Quando a dignidade feminina custa menos do que uma telha de fibrocimento. *Diário do Nordeste*, 8 out. 2021. Disponível em: https://diariodonordeste.ver desmares.com.br/opiniao/colaboradores/quando-a-dignidade-feminina-custa-menos-do-que-uma-telha-de-fibrocimento-1.3145359. Acesso em: 14 out. 2022.

PISCITELLI, Tathiane. *Curso de direito tributário*. 2. ed. São Paulo: Thomson Reuters, 2022.

PISCITELLI, Tathiane. Dignidade menstrual e isenção do ICMS. *Valor Econômico*, 6 out. 2021. Disponível em: https://valor.globo.com/legislacao/fio-da-meada/post/2021/10/dignidade-mens trual-e-isencao-do-icms.ghtml. Acesso em: 28 fev. 2023.

PISCITELLI, Tathiane (org.) *et al*. *Reforma tributária e desigualdade de gênero: contextualização e propostas*. São Paulo: Grupo de pesquisas Tributação e Gênero do Núcleo de Direito Tributário da Escola de Direito de São Paulo da Fundação Getulio Vargas, 2020. Disponível em: https://direitosp.fgv.br/sites/default/files/2021-09/reforma_e_genero_-_final_1. pdf. Acesso em: 17 fev. 2023.

PISCITELLI, Tathiane; MENEZES, Luiza Machado de O. Tributação e gênero na obra de Misabel Derzi: textos selecionados. *In*: BUSTAMANTE, Thomas; OLIVEIRA, Marcelo A. Cattoni de (org.). *Entre a justiça e a segurança jurídica*: estudos sobre direito e a tributação em homenagem a Misabel Abreu Machado Derzi. Belo Horizonte: Conhecimento, 2021. p. 195-214.

PITANGUY, Jacqueline. Celebrando os 30 anos da Carta das Mulheres Brasileiras aos Constituintes. *In*: MELLO, Adriana Ramos de (org.). SEMINÁRIOS 30 ANOS DA CARTA DAS MULHERES AOS CONSTITUINTES. *Anais*… Rio de Janeiro: EMERJ, 2018. p. 43-55.

ROCHA, Isabelle. A pensão imposta e o custo reverso: o imposto de renda sobre a pensão alimentícia e a desigualdade implícita de gênero que ela provoca. *Jota*, 25 fev. 2022. Disponível em: https://www.jota.info/opiniao-e-analise/colunas/women-in-tax-brazil/a-pensao-imposta-e-o -custo-reverso-25022022. Acesso em: 27 out. 2022.

ROCHA, Isabelle Resende Alves. *Gênero, direito tributário e imposto de renda da pessoa física*: aspectos sobre a influência da tributação nas desigualdades entre homens e mulheres. 2020. 191 f. Dissertação (Mestrado em Direito) – Pontifícia Universidade Católica de Minas Gerais, Belo Horizonte, 2020.

RUAS, Rhaysa. Teoria da Reprodução Social: apontamentos para uma perspectiva unitária das relações sociais capitalistas. *Revista Direito e Práxis*, Rio de Janeiro, v. 12, n. 1, p. 379-415, jan./mar. 2021.

SALVADOR, Evilasio. *Perfil da Desigualdade e da Injustiça Tributária com Base nos Declarantes do Imposto de Renda no Brasil 2007-2013*. Brasília: INESC, 2016. Disponível em: https://www.inesc.org.br/es/perfil-da-desigualdade-e-da-injustica-tributaria/. Acesso em: 28 fev. 2023.

SALVADOR, Evilasio; YANNOULAS, Silvia. Orçamento e financiamento de políticas públicas: questões de gênero e raça. *Revista Feminismos*, [s. l.], v. 1, n. 2, maio/ago. 2013. Disponível em: https://periodicos.ufba.br/index.php/feminismos/article/view/29937. Acesso em: 17 fev. 2023.

SANTOS, Maria Angélica dos. Princípios tributários e a questão racial. *In*: MASCITTO, Andréa *et al.* (org.). *Coletânea tributária em homenagem à Professora Elizabeth Nazar Carrazza*. São Paulo: Blucher, 2022. p. 53-70. Disponível em: https://openaccess.blucher.com.br/article-details/03-23635. Acesso em: 17 fev. 2023.

SILVA, Tatiana Dias. Mulheres negras, pobreza e desigualdade de renda. *In*: MARCONDES, Mariana Mazzini *et al.* (org.). *Dossiê mulheres negras*: retrato das condições de vida das mulheres negras no Brasil. Brasília: Ipea, 2013. p. 109-131.

SILVEIRA, Fernando Gaiger. *Equidade fiscal*: impactos distributivos da tributação e do gasto social. [*S. l.*]: XVII Prêmio Tesouro Nacional, 2012.

SILVEIRA, Fernando Gaiger *et al. Previdência e assistências sociais, auxílios laborais e tributos: características redistributivas do Estado brasileiro no século XXI*, Working Paper, n. 007. São Paulo: Made/USP, 2022.

STOTSKY, Janet G. Gender Bias in Tax Systems. *IMF Working Paper*, IMF Working Paper, [s. l.], n. 96/99, 1996.

TIPKE, Klaus; YAMASHITA, Douglas. *Justiça fiscal e princípio da capacidade contributiva*. São Paulo: Malheiros, 2002.

UNITED STATES. *Civil Rights Act of 1964*. 7/2/1964. Enrolled Acts and Resolutions of Congress, 1789-2011; General Records of the United States Government, Record Group 11; National Archives Building, Washington, DC, 1964. Disponível em: https://www.archives. gov/milestone-documents/civil-rights-act#TitleVII. Acesso em: 20 mar. 2023.

US FEDERAL CT OF APPEALS. *DeGraffenreid v General Motors Assembly Division*, 413 F Supp 142. Disponível em: https://law.justia.com/cases/federal/district-courts/FSupp/413/142/16 60699/. Acesso em: 20 mar. 2023.

VIECELI, Cristina Pereira; MARTINS, Pedrosa Gomes; CONCEIÇÃO, João Batista Santos. Estrutura tributária brasileira e seus reflexos nas desigualdades de gênero. *Instituto de Justiça Fiscal*, 2017.

VIOTTI, Maria Luiza Ri beiro. *Declaração e Plataforma de Ação da IV Conferência Mundial Sobre a Mulher*. Pequim: [s. n.], 1995.

YOUNG, Claire F. L. (In)visible inequalities: Women, Tax and Poverty. *Ottawa Law Review*, [s. l.] v. 27, n. 1, p. 99-127, 1995.

ZOCKUN, Maria Helena. Equidade na tributação. Textos para Discussão, *Fundação Instituto de Pesquisas Econômicas (Fipe)*, São Paulo, n. 15, 2016.

ANEXO

Tabela — Tributação sobre consumo incidente sobre produtos ligados a reprodução e ao cuidado

Produto	NCM	Descrição do item	IPI (%)	PIS/Cofins (%) regime não cumulativo	PIS / Cofins (cumulativo)	ICMS	Total estimado (regime não cumulativo)	Total estimado (regime cumulativo)
Absorventes menstruais, fraldas infantis, tampões, absorventes para amamentação	9619.00.00	Absorventes (pensos*) e tampões higiênicos, cueiros, fraldas e artigos higiênicos semelhantes, de qualquer matéria	0%	9,25%	3,65%	18%	27,25%	21,65%
Fraldas geriátricas do Programa Farmácia Popular	9619.00.00	Absorventes (pensos*) e tampões higiênicos, cueiros, fraldas e artigos higiênicos semelhantes, de qualquer matéria	0%	9,25%	3,65%	0%	9,25%	3,65%
Coletor menstrual	3924.90.00	Plásticos e suas obras – Serviços de mesa, artigos de cozinha, outros artigos de uso doméstico e artigos de higiene ou de toucador, de plástico. – Outros	6,5%	9,25%	3,65%	18%	33,75%	28,15%
Esponja de maquiagem	9616.20.00	Borlas ou esponjas para pós ou para aplicação de outros cosméticos ou de produtos de toucador	0%	9,25%	3,65%	18%	27,25%	21,65%
Talco	3304.91.00 Ex. 01	Talco e polvilho com ou sem perfume	7,8%	12,5%	12,5%	25%	45,3%	45,3%
Lenço umedecido para bebês	3401.11.90	Outros	3,25%	12,5%	12,5%	18%	33,75%	33,75%
Águas-de-colônia	3303.00.20	Águas-de-colônia	7,8%	12,5%	12,5%	25%	45,3%	45,3%
Pomadas para mamilos e creme de assadura para bebês	3404.90.21	À base de vaselina e álcoois de lanolina (eucerina anidra)	9,75%	9,25%	3,65%	18%	37%	31,4%
Cera para veículos	3405.30.00	Preparações para dar brilho a pinturas de carroçarias e produtos semelhantes, exceto preparações para dar brilho a metais	6,5%	9,25%	3,65%	18%	33,75%	28,15%

Preservativos	4014.10.00	Preservativos	0%	9,25%	3,65%	0%	9,25%	3,65%
Anticoncepcio-nais	3006.60.00	– Preparações químicas contraceptivas à base de hormônios, de outros produtos da posição 29.37 ou de espermicidas	0%	12%	12%	18%	30%	30%
DIU de cobre	9018.90.99	Outros instrumentos e aparelhos – Outros	5,2%	9,25%	3,65%	18%	32,45%	26,85%
Viagra (citrato de sildenafila)	2935.90.19	Sulfonamidas – Outras	0%	0%	0%	18%	18%	18%
Bico para mamadeira e protetor de mamilo para amamentação	3924.90.00	Outros	6,5%	9,25%	3,65%	18%	33,75%	28,15%
Pote de água para cães	3924.90.00	Outros	6,5%	9,25%	3,65%	18%	33,75%	28,15%
Bomba de amamentação (elétrica ou à vácuo)	8414.10.00	Bombas de vácuo	0%	9,25%	3,65%	18%	27,25%	21,65%
Compressor de ar para rodas	8414.40.10	Outros	0%	9,25%	3,65%	0%	9,25%	3,65%
Vestuário e acessórios de bebês	6111.20.00	Vestuário e seus acessórios, de malha, para bebês. – De algodão	0%	9,25%	3,65%	18%	27,25%	21,65%
Sutiã de amamentação	6212.10.00	Sutiãs e bustiês (sutiãs de cós alto*)	0%	9,25%	3,65%	18%	27,25%	21,65%
Cinta modeladora	6212.20.00	Cintas e cintas-calças	0%	9,25%	3,65%	18%	27,25%	21,65%
Carrinhos e veículos para bebês e crianças	8715.00.00	Carrinhos e veículos semelhantes para transporte de crianças, e suas partes	6,5%	9,25%	3,65%	18%	33,75%	28,15%
Trailer	8716.10.00	Reboques e semirreboques, para habitação ou para acampar, do tipo *trailer* (caravana*)	6,5%	9,25%	3,65%	18%	33,75%	28,15%

Fonte: Elaborada pela autora com base na Tabela TIPI (Decreto nº 11.158/2022), Portal IOB e Portal Único Siscomex.

Alíquota de ICMS referente à alíquota interna para Minas Gerais.

- editoraletramento
- editoraletramento.com.br
- editoraletramento
- company/grupoeditorialletramento
- grupoletramento
- contato@editoraletramento.com.br
- editoraletramento

- editoracasadodireito.com.br
- casadodireitoed
- casadodireito
- casadodireito@editoraletramento.com.br